모든 날,
모든 순간
가정예배

모든 날, 모든 순간
가정예배

ⓒ 생명의말씀사 2022

2022년 4월 22일 1판 1쇄 발행

펴낸이 | 김창영
펴낸곳 | 생명의말씀사

등록 | 1962. 1. 10. No.300-1962-1
주소 | 서울시 종로구 경희궁1길 6 (03176)
전화 | 02)738-6555(본사) · 02)3159-7979(영업)
팩스 | 02)739-3824(본사) · 080-022-8585(영업)

지은이 | 이도복, 황보라

기획편집 | 서정희, 김유미
디자인 | 조현진
인쇄 | 영진문원
제본 | 다온바인텍

ISBN 978-89-04-16792-0 (03230)

저작권자의 허락없이 이 책의 일부 또는 전체를
무단 복제, 전재, 발췌하면 저작권법에 의해 처벌을 받습니다.

모든 날,
모든 순간
가정예배

이도복, 황보라 지음

생명의말씀사

추천사

이런 날에도 가정예배를 드릴 수 있구나

한국 교회에서 다음세대 신앙의 위기감이 어느 때보다 깊어지는 것 같습니다. 그러나 하나님이 여전히 신실하게 일하셔서 각 가정에 가정예배라는 은혜의 통로를 열어주고 계심을 봅니다. 몇 년 전, 가정과 교회를 연결하는 미국 D6 콘퍼런스에 참여했을 때 강력한 인상을 받은 강의가 있습니다. 나라의 기념일이나 자녀의 입학식과 졸업식 등 기쁜 일이 있을 때를 신앙 전수의 중요한 순간으로 만들자는 강의였습니다. 그때 한국 교회에도 중요한 날을 기념하는 신앙 교육 자료가 있으면 참 좋겠다고 생각했습니다.

『모든 날, 모든 순간 가정예배』는 제가 꿈꾸고 바라던 바로 그 책입니다. 가족이 삶에서 경험하는 다양한 사건들을 그냥 흘려보내지 않고, 신앙의 사건으로 기억하게 만드는 탁월한 인사이트가 넘쳐납니다. 창의적인 가정예배 주제를 보며 '이런 날에도 가정예배를 드릴 수 있구나!', '저렇게도 가정예배를 드릴 수 있다고?'라며 여러 번 감탄했습니다. 이 책을 통해 한국 교회 각 가정의 모든 순간마다 가정예배가 살아나며, 신앙의 전수가 아름답게 일어나기를 소망합니다.

● 이전호 (충신교회 담임목사)

믿음으로 승리하며 살아가게 하는 영적 무기

코로나 팬데믹으로 어디를 가나, 누구를 만나나 마스크를 써야 하지만 가정만큼은 예외입니다. 그래서 모든 교회가 문을 잠그고 방역에 민감할 때 우리 교회는 본격적으로 가정예배 사역을 시작했습니다. 현재 3년째 가정예배를 이어오면서 가정마다 놀라운 간증이 들려옵니다. 가정예배를 통해 게임 중독에서 벗어났다는 이야기, 마음을 잡지 못하고 방황했던 자녀가 가정예배를 드리며 회복한 이야기 등. 가정예배가 다음세대 신앙 전수에 아주 중요한 통로라는 것을 확신할 수 있었습니다.

그리고 가정예배에 큰 관심을 가지고 목회적 노력을 기울이던 때 『모든 날, 모든 순간 가정예배』를 접했습니다. 이 책은 기존에 나와 있는 많은 가정예배 책과는 분명 다릅니다. 아주 신선합니다. '생애주기별 가정예배'라는 말도 독특하고 내용이 대단히 참신합니다. 재미도 있습니다. 특히 '테마가 있는 가정예배'는 틀에 박혀 있는 가정예배가 아니라, 재미와 의미를 더해주는 새로운 가정예배라는 면에서 우리 성도들과 꼭 시도해 보고 싶습니다.

가정예배야말로 코로나 팬데믹 상황에서 믿음으로 승리하며 살아가게 하는 영적 무기라 생각됩니다. 그런 의미에서 본 책의 출간이 너무나도 반갑고 의미 있게 여겨집니다. 이 책이 교회마다 가정예배가 세워지는 데 좋은 디딤돌이 되기를 간절히 소망합니다.

● 곽승현 (거룩한빛광성교회 담임목사)

가정의 특별한 순간에 특별한 예배를 드리자

가정예배에 관한 책이 시중에 많이 있지만, '이 책만큼 신박한 책이 있을까?' 라는 생각이 들었습니다. '신박하다'는 신조어로 '새롭고 놀랍다'는 뜻입니다. 이 책은 가정예배에 있어서 아무도 접근해 보지 않은 매우 놀랍고 재미있는 접근을 했습니다. 그 접근은 일차적으로는 '모든 날, 모든 순간에 가정예배를 드리자'는 것이고, 이차적으로는 '가정의 가장 특별한 순간에 특별한 예배를 드리자'는 것입니다. 사실 특별해 보이지 않아도 우리 삶에 모든 날에는 특별한 의미를 부여할 수 있습니다. 그리고 교회의 절기에도 특별함이 있습니다.

이 책은 우리가 가정에서 자주 특별한 날을 만들 수 있고, 그때마다 특별한 가정예배를 드릴 수 있다는 점을 깨닫게 해줍니다. 무엇보다도 저자들이 이 분야의 전문가이고, 가정에서 직접 겪은 경험을 토대로 구성해서 더더욱 와 닿습니다. 저자의 경험담을 접할 때는 읽는 이로 하여금 더 큰 도전을 줍니다. 가정마다 한 권씩 소장하고, 가정의 특별한 순간에 꺼내서 함께 예배하기에 참 좋은 책입니다.

● 이정현 (청암교회 담임목사, 개신대학원대학교 겸임 교수)

일상의 모든 순간을 하나님께 드리는 예배로

『모든 날, 모든 순간 가정예배』는 일상의 모든 순간이 하나님 앞에 드리는 예배가 되도록 인도해 줍니다. 또한, 아름다운 가정예배 교재인 동시에 일상에서 하나님을 발견하도록 돕는 훌륭한 영성 훈련 교재입니다. '모든 날, 모든 순간'을 주님의 사랑의 시선으로 바라보도록 초대합니다. 존재의 중심이자 내면의 골방인 마음으로 내려가서 자기 자신뿐만 아니라 가족과 더불어 갖는 소소한 일상, 삶의 소중한 순간, 의미 있는 기념일, 모든 날, 모든 순간을 주님과 함께 바라보도록 이끌어 줍니다.

그리고 우리는 이러한 바라봄을 통해 우리 삶에 숨어계신 주님을 발견하게 됩니다. 또한 질그릇 같은 나와 가족의 존재, 그리고 모든 삶이 무한하신 주님의 사랑 안에 있음을 깨닫게 됩니다. 이렇게 삶의 더 많은 날 더 많은 순간에 하나님을 찾는 사람은 벧엘의 야곱처럼(창 28장) 하나님의 임재를 깊이 경험하고 변화된 마음으로 참된 예배를 올려드리게 될 것입니다.

● 오방식 (장로회신학대학교 영성신학 교수)

가정예배는 선택 사항이 아니라 순종 사항

하나님의 말씀은 가정예배가 시대적 대안이 아니라 성경적 원안임을 분명히 하고 있습니다. 2000년 교회사는 교회가 믿음의 가정마다 작은 교회가 되어야 하며, 언약 공동체임을 강조하는 자리마다 가정예배가 선택 사항이 아니라 순종 사항이었음을 증언하고 있습니다. 성경적으로도, 교회사적으로도, 그리고 지금 코로나 펜데믹의 신앙 현장적으로도 가정예배는 하나님이 믿음의 가정마다 언약하시고 부으시는 복의 현장이며, 명하시고 주목하시는 핵심적인 신앙 전수의 자리입니다.

바로 이 가정예배를 어떻게 드릴까 고민하는 가정에 이 책은 매우 친절하고도 안전한 안내서가 될 것입니다. 신학교와 목회 현장에서 가정예배를 오랫동안 연구하고 세워왔던 이도복 목사님과 황보라 목사님을 통하여 나누어지는 지혜와 실천은 가정예배를 꾸준히 행복하게 드리고자 하는 가정들과 교회들에 큰 선물과 같은 책이 되리라 믿습니다.

● 신형섭 (장로회신학대학교 기독교교육학 교수)

가정의 특별한 순간이 별처럼 수놓아질 것

세상에서 가장 중요하고 소중한 것은 무엇일까요? 세상에 중요하고 소중한 것이 정말 많지만, 그중 가장 중요한 것은 단연 가정입니다. 하나님이 직접 만드셔서 우리에게 선사하신 삶의 터전이기 때문입니다. 이 가정이라는 단어를 2행시로 정의하면 '가족이 사는 정원'이라고 할 수 있습니다. 우리 가족 구성원 모두가 정원사가 되어 이 터전을 가꾸어야 합니다. 가꾸지 않으면 걷잡을 수 없는 공간이 바로 가정입니다. 특별히 하늘에 축복의 파이프라인이 연결되어 있는 성도의 가정은 하늘의 신령한 것으로 가꾸어야 합니다. 바로 가정예배입니다.

이 책 안에는 별 네 개가 있습니다. 그 별의 이름은 '생애주기별', '상황별', '테마별', '절기별'입니다. 인생을 살아가면서 만나게 될 무수한 사건과 이야기 속에서 우리는 무엇을 해야 할까요? 이 책이 그 빛나는 순간들을 여러분의 가정 안에 별처럼 수놓을 것입니다.

● 곽상학 (다음세움선교회 대표, 『레디 액션 드라마 가정예배』 저자)

가정예배의 기쁨을 누릴 수 있는 책

코로나 시국에 교회의 문이 닫히는 안타까운 상황을 겪으며, 가정에서의 예배에 더욱 절실함을 느꼈습니다. 그리고 자녀들과 가정예배를 드리자 놀라운 일들이 일어났습니다. 온 가족이 우리 가정의 주인이신 하나님을 인격적으로 만나게 되었을 뿐 아니라, 말로 표현할 수 없는 가족 간의 공감과 사랑을 경험하게 되었습니다.

이런 하나님의 은혜를 사모하면서도 막상 매일 가정예배를 드리려고 하니 어떤 내용과 어떤 방법으로 드려야 할지 고민이 되었습니다. 그리고 때마침 만난 이 책이 시원한 냉수처럼 단번에 고민을 해결해 주었습니다. 특별한 테마를 따라 아이들과 남편과 가정예배를 드릴 생각을 하니 벌써 기대가 됩니다. 가정예배를 사모하는 모든 성도가 이 책을 통해 아주 즐거운 예배를 드리게 되길 소망하며, 공감이 가득한 가정예배의 기쁨을 마음껏 누리시길 기도합니다.

● 김세연 (충신교회 가정예배학교 수료자)

목차

추천사 · 05
프롤로그 부모가 살아야 자녀가 살 수 있어요 · 16
이렇게 활용하세요 · 18

 **PART 1** 생애주기별 가정예배

01 부부가 되었어요 · 24
02 결혼을 기념해요 · 28
03 자녀를 기다려요 · 32
04 태중에 자녀와 함께 예배해요 · 36
05 자녀가 태어났어요 · 40
06 자녀가 첫돌을 맞이해요 · 44
07 자녀의 입학을 축하해요 · 48
08 자녀의 졸업을 축하해요 · 52
09 초등학생 자녀와 함께해요 · 56
10 중고등학생 자녀와 함께해요 · 60
11 입시를 앞둔 자녀가 있어요 · 64

기쁨이 넘치는 가정예배 1 수인이의 고등학교 입시가 있는 달

 **PART 2** 상황별 가정예배

12 자녀의 생일을 축하해요 · 72

13 세례를 준비해요 · 76

14 새로운 집으로 이사를 왔어요 · 80

15 할아버지, 할머니의 생신을 축하해요 · 84

16 자녀가 아파요 · 88

17 중요한 결정을 앞두고 있어요 · 92

18 가정예배를 새롭게 시작해요 · 96

기쁨이 넘치는 가정예배 2 분홍반 희원이의 격리 생활

PART 3 테마별 가정예배

19 첫눈이 아름답게 내려요 · 104

20 자녀가 처음으로 두발자전거를 탔어요 · 108

21 야외에 나왔어요! 자연과 함께해요 · 112

22 환경을 사랑하고 보호해요 · 116

23 휴가지에서 쉼을 누려요 · 120

24 수련회를 기다리고 있어요 · 124

25 잠자기 전 누워서 예배를 드려요 · 128

기쁨이 넘치는 가정예배 3   시은이 예은이 방에 누워서

PART 4 절기별 가정예배

26 새해를 주신 하나님께 감사해요(설날) · 136

27 사순절을 보내고 있어요 · 140

28 예수님이 부활하셨어요 · 144

29 5월, 가정의 달이에요 · 148

30 열매를 주신 하나님께 감사해요(추수감사절) · 152

31 예수님을 기다려요(대림절) · 156

32 예수님이 세상에 오셨어요(성탄절) · 160

기쁨이 넘치는 가정예배 4   윤아와 함께한 잊지 못할 대림절

에필로그 '모든 날, 모든 순간'을 하나님께 드려요 · 166

프롤로그

부모가 살아야 자녀가 살 수 있어요

오랜만에 여행으로 비행기에 몸을 실었습니다. 그리고 매번 무심코 지나치던 안전 안내 영상이 저의 마음에 새롭게 다가왔습니다. 영상은 위기 상황이 찾아오면 부모가 먼저 산소 호흡기를 쓰고, 그 뒤에 자녀를 도우라고 안내했습니다. 부모가 먼저 산소를 공급받지 못하면 자녀를 도울 수 없고, 그렇게 되면 자녀가 더욱 심각한 위험에 노출되기 때문이었습니다.

우리는 보통 가정예배를 자녀를 위해서 드려준다고 생각합니다. 그래서 부모가 가정예배를 이끌어가는 동력을 오랜 기간 유지하기가 쉽지 않습니다. 사실 가정예배는 우리 가정의 주인이신 하나님 아버지께 예배하는 시간입니다. 우리 가정을 향한 하나님의 깊고도 넓은 뜻을 발견하는 통로이며, 부모인 내가 먼저 하나님의 치유과 회복을 경험하는 현장입니다.

"더 숨길 수 없게 되매 그를 위하여 갈대 상자를 가져다가 역청과 나무 진을 칠하고 아기를 거기 담아 나일 강 가 갈대 사이에 두고"(출 2:3)

갈대 상자에 아들 모세를 누여야 하는 어머니 요게벳의 마음은 어땠을까요? 혹여나 갈대 상자에 물이 들어갈까 걱정하며 역청과 나무 진을 얼마나 꼼꼼히 칠했을까요? 자녀를 생각하며 나무에 진을 바르고 또 바르는 부모의 마음을 생각해 봅니다.

이처럼 가정예배는 우리 가정에 견고한 말씀의 진을 바르는 시간입니다. 언젠가는 우리의 품을 떠날 자녀들이 스스로 신앙 고백하기를 준비하는 시간입니다.

가정예배를 드리는 일은 생각보다 쉽지 않은 여정입니다. 자녀들의 반응이 롤러코스터와 같을 수도 있습니다. 그러나 우리 가정에 덧발라진 말씀의 견고한 진이 우리 가정의 마음과 생각을 지키시는 하나님의 능력이 되어 줄 것입니다. 그리고 하나님이 우리가 생각하지 못한 기쁨과 감사와 감격의 순간을 허락해 주시리라 믿습니다. 여러분의 가정예배를 마음 다해 응원하며, 우리의 가정예배를 통해 영광 받으실 하나님을 찬양합니다.

이도복 목사 드림

이렇게 활용하세요

『모든 날, 모든 순간 가정예배』는 가정만의 특별한 날과 절기에 예배드릴 수 있도록 구성되어 있습니다. 우리 가정의 주인이신 하나님께 받은 은혜(Grace)를 기억하며, 감사(Gratitude)를 고백하는 예배를 드려보세요.

이 책의 특징
- 가정의 일상에 함께하시는 하나님을 경험하는 가정예배서입니다.
- 가족의 희로애락, 각 가정의 있는 모습 그대로를 하나님께 올려드리도록 안내합니다.
- 신혼부부 가정부터 3대가 함께하는 가정까지 다양한 가정이 하나님을 예배할 수 있도록 돕습니다.
- 가족 구성원의 생애주기와 가정만의 특별한 상황에 예배를 드릴 수 있게 합니다.
- 예배 순서 중 '우리 집 일상의 공간을 가정예배의 공간으로 만들기'가 있습니다. 예배 공간은 보이지 않는 은혜를 볼 수 있게 해주는 상징 요소입니다.
- 찬양은 가족이 쉽게 부를 수 있도록 찬송가 한 절 또는 복음성가를 선곡했습니다. 그리고 QR코드를 활용해 피아노 반주를 제공합니다.

『모든 날, 모든 순간 가정예배』를 위한 TIP

- 목차를 살펴보며 우리 가족의 가정예배를 계획해 보세요.
- 가정예배 시간은 짧게는 3분, 길게는 20분 정도가 좋아요.
- 가족 구성원이 다 모이지 못해도 가정예배를 드릴 수 있어요. 2~3명씩 예배를 드려보세요.
- 가정예배 인증 사진을 찍어 하나님이 우리 가정에 주신 은혜를 기록으로 남겨보세요.
- 책에 없는 목차나 예배 순서를 만들어서 우리 가정만의 더 풍성한 예배를 디자인해 보세요.

예배 공간 만들기
- 가정예배를 드리기 전, 가족 구성원이 서로의 마음과 시간의 공간을 준비할 수 있도록 가정예배에 관한 이야기를 나눠주세요.
- 일상의 공간에 성경과 작은 십자가를 두어 예배드리는 공간으로 만들어 주세요.
- 가정의 기념일을 상징할 수 있는 결혼사진, 생일 케이크, 졸업장 등으로 예배 공간을 꾸며보세요.
- 가족이 좋아하는 찬양으로 예배 공간을 채워보세요.

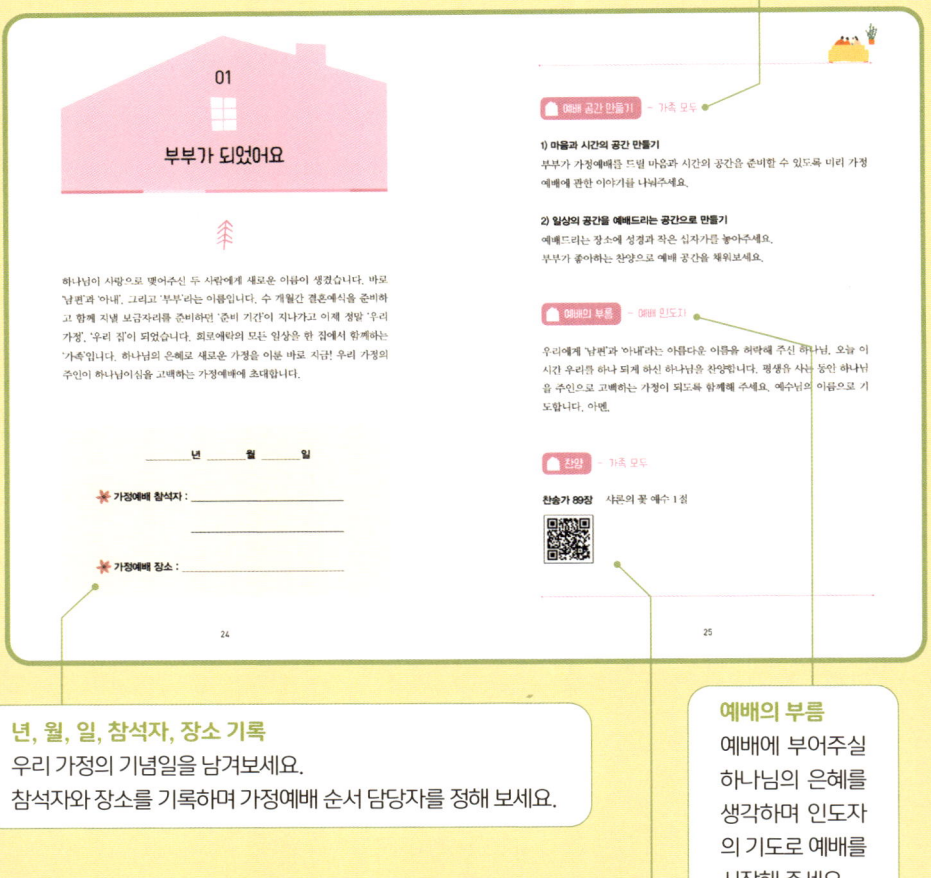

년, 월, 일, 참석자, 장소 기록
우리 가정의 기념일을 남겨보세요.
참석자와 장소를 기록하며 가정예배 순서 담당자를 정해 보세요.

찬양
QR코드에 찬양 반주를 담아두었어요.
휴대전화 카메라로 QR코드를 연결해 보세요.
출처 : 유튜브 '온하모니'

예배의 부름
예배에 부어주실 하나님의 은혜를 생각하며 인도자의 기도로 예배를 시작해 주세요.

은혜 나누기
가족과 대화하며 하나님의 은혜를 나눠보세요.
나눌수록 더 풍성한 하나님의 은혜를 느낄 수 있어요.

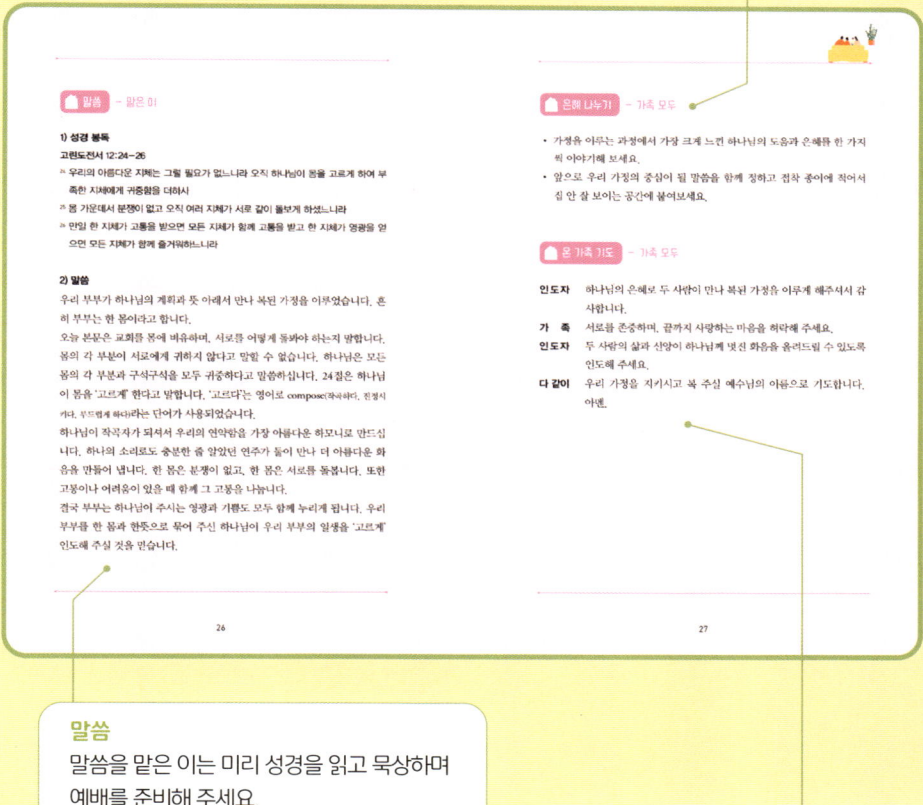

말씀
말씀을 맡은 이는 미리 성경을 읽고 묵상하며 예배를 준비해 주세요.

온 가족 기도
가족 구성원 모두가 함께하는 기도입니다.
인도자와 나머지 가족이 번갈아 기도하고 다 같이 기도하며 예배를 마쳐요.

Part 1

생애주기별 가정예배

01
부부가 되었어요

하나님이 사랑으로 맺어주신 두 사람에게 새로운 이름이 생겼습니다. 바로 '남편'과 '아내', 그리고 '부부'라는 이름입니다. 수개월간 결혼예식을 준비하고 함께 지낼 보금자리를 준비하던 '준비 기간'이 지나가고 이제 정말 '우리 가정', '우리 집'이 되었습니다. 희로애락의 모든 일상을 한 집에서 함께하는 '가족'입니다. 하나님의 은혜로 새로운 가정을 이룬 바로 지금! 우리 가정의 주인이 하나님이심을 고백하는 가정예배에 초대합니다.

_____년 _____월 _____일

❀ 가정예배 참석자 : _____

_____

❀ 가정예배 장소 : _____

🏠 예배 공간 만들기   - 가족 모두

1) 마음과 시간의 공간 만들기
부부가 가정예배를 드릴 마음과 시간의 공간을 준비할 수 있도록 미리 가정예배에 관한 이야기를 나눠주세요.

2) 일상의 공간을 예배드리는 공간으로 만들기
예배드리는 장소에 성경과 작은 십자가를 놓아주세요.
부부가 좋아하는 찬양으로 예배 공간을 채워보세요.

🏠 예배의 부름   - 예배 인도자

우리에게 '남편'과 '아내'라는 아름다운 이름을 허락해 주신 하나님, 오늘 이 시간 우리를 하나 되게 하신 하나님을 찬양합니다. 평생을 사는 동안 하나님을 주인으로 고백하는 가정이 되도록 함께해 주세요. 예수님의 이름으로 기도합니다. 아멘.

🏠 찬양   - 가족 모두

찬송가 89장   샤론의 꽃 예수 1절

 QR코드를 연결하면 반주가 나와요.

 - 맡은 이

1) 성경 봉독
고린도전서 12:24-26

²⁴ 우리의 아름다운 지체는 그럴 필요가 없느니라 오직 하나님이 몸을 고르게 하여 부족한 지체에게 귀중함을 더하사
²⁵ 몸 가운데서 분쟁이 없고 오직 여러 지체가 서로 같이 돌보게 하셨느니라
²⁶ 만일 한 지체가 고통을 받으면 모든 지체가 함께 고통을 받고 한 지체가 영광을 얻으면 모든 지체가 함께 즐거워하느니라

2) 말씀

우리 부부가 하나님의 계획과 뜻 아래서 만나 복된 가정을 이루었습니다. 흔히 부부는 한 몸이라고 합니다.

오늘 본문은 교회를 몸에 비유하며, 서로를 어떻게 돌봐야 하는지 말합니다. 몸의 각 부분이 서로에게 귀하지 않다고 말할 수 없습니다. 하나님은 모든 몸의 각 부분과 구석구석을 모두 귀중하다고 말씀하십니다. 24절은 하나님이 몸을 '고르게' 하신다고 말합니다. '고르다'는 영어로 compose(작곡하다, 진정시키다, 부드럽게 하다)라는 단어가 사용되었습니다.

하나님이 작곡자가 되셔서 우리의 연약함을 가장 아름다운 하모니로 만드십니다. 하나의 소리로도 충분한 줄 알았던 연주가 둘이 만나 더 아름다운 화음을 만들어 냅니다. 한 몸은 분쟁이 없고, 한 몸은 서로를 돌봅니다. 또한 고통이나 어려움이 있을 때 함께 그 고통을 나눕니다.

결국 부부는 하나님이 주시는 영광과 기쁨도 모두 함께 누리게 됩니다. 우리 부부를 한 몸과 한뜻으로 묶어 주신 하나님이 우리 부부의 일생을 '고르게' 인도해 주실 것을 믿습니다.

🏠 은혜 나누기 - 가족 모두

- 가정을 이루는 과정에서 가장 크게 느낀 하나님의 도움과 은혜를 한 가지씩 이야기해 보세요.
- 앞으로 우리 가정의 중심이 될 말씀을 함께 정하고 접착 종이에 적어서 집 안 잘 보이는 공간에 붙여보세요.

🏠 온 가족 기도 - 가족 모두

인도자 하나님의 은혜로 두 사람이 만나 복된 가정을 이루게 해주셔서 감사합니다.
가 족 서로를 존중하며, 끝까지 사랑하는 마음을 허락해 주세요.
인도자 두 사람의 삶과 신앙으로 하나님께 멋진 화음을 올려드릴 수 있도록 인도해 주세요.
다 같이 우리 가정을 지키시고 복 주실 예수님의 이름으로 기도합니다. 아멘.

02

결혼을 기념해요

N번째 결혼기념일!
어떤 부부는 설레는 첫 번째 결혼기념일을, 어떤 부부는 성장한 자녀들을 둔 N번째 결혼기념일을 맞이하셨을 겁니다. 둘만의 날로 근사한 레스토랑에서 식사를 하거나 평범하면서도 안정감 있는 기념일로 보내시겠지요? 결혼기념일을 맞이하여 우리 부부가 할 수 있는 가장 의미 있고 복된 일이 무엇일까요? 올해는 우리 부부를 통해 귀한 가정을 이루게 해주신 하나님과 함께 더 특별하고 행복한 결혼기념일을 보내보세요.

_____년 _____월 _____일

❋ 가정예배 참석자 : _____

_____

❋ 가정예배 장소 : _____

🏠 예배 공간 만들기 - 가족 모두

1) 마음과 시간의 공간 만들기
부부가 가정예배를 드릴 마음과 시간의 공간을 준비할 수 있도록 미리 가정예배에 관한 이야기를 나눠주세요.

2) 우리 집 일상의 공간을 예배드리는 공간으로 만들기
예배드리는 장소에 성경과 작은 십자가를 놓아주세요.
부부가 좋아하는 찬양으로 예배 공간을 채워보세요.
결혼식을 기억할 만한 사진, 반지, 청첩장이나 결혼 예식서가 있다면 함께 준비해 주세요.

🏠 예배의 부름 - 예배 인도자

사랑의 하나님, 우리를 결혼 기념 가정예배에 초대해 주셔서 감사합니다. 우리를 하나 되게 하시고 오늘에 이르게 하신 하나님, 이 시간 우리 부부가 사랑의 근원이신 주님을 깊이 만나는 시간이 되게 해주세요. 예수님의 이름으로 기도합니다. 아멘.

🏠 찬양 - 가족 모두

사랑의 주님이 날 사랑하시네 내 모습 이대로 받으셨네

 - 맡은 이

1) 성경 봉독

에베소서 4:15-16

¹⁵ 오직 사랑 안에서 참된 것을 하여 범사에 그에게까지 자랄지라 그는 머리니 곧 그리스도라

¹⁶ 그에게서 온몸이 각 마디를 통하여 도움을 받음으로 연결되고 결합되어 각 지체의 분량대로 역사하여 그 몸을 자라게 하며 사랑 안에서 스스로 세우느니라

2) 말씀

하나님이 우리 부부를 만나게 해주시고, 지금까지 아름답게 인도해 주셨습니다. 오늘 말씀은 사랑 안에서 하나 됨이 무엇인지를 알려주고 있습니다. 우리 가정의 비전과 목적은 예수님에게까지 자라가는 것입니다. 예수님을 닮아 가는 삶, 예수님이 우리 가정의 머리가 되시는 삶입니다. 우리를 부부로 불러주신 주님이 "온몸이 각 마디의 도움을 받아 연결되고 결합된다"고 말씀하십니다.

부부는 서로의 도움이 필요한 존재입니다. 아담의 부족함을 하와가 채워준 것처럼, 하와의 연약함을 아담이 보듬어 줍니다. 부부가 서로를 긍휼히 여길 때, 서로의 연약함을 채워주는 거룩한 사랑이 샘솟습니다.

예수님은 "긍휼히 여기는 자는 복이 있나니 그들이 긍휼히 여김을 받을 것임이요"(마 5:7)라고 말씀하셨습니다. 사랑하는 우리 가족이 서로를 긍휼히 여길 때, 예수님의 사랑을 더욱 풍성히 누리는 믿음의 가정이 될 것입니다. 하나님이 우리 가정을 주님을 더 사랑하는 가정, 같은 곳을 바라보는 멋진 가정으로 인도하시리라 믿습니다.

🏠 은혜 나누기 - 가족 모두

- 결혼식을 기억할 수 있는 사진이나, 반지, 청첩장 등을 보면서 결혼식 당일에 누렸던 하나님의 은혜를 나눠보세요.
- 결혼 후 지금까지 우리 부부에게 어떤 하나님의 은혜가 있었는지 이야기해 보세요.
- 둘만의 사진을 찍으며 결혼 기념 가정예배의 추억을 남겨보세요.
- 부부가 손을 잡고 서로에게 "정말 고마워"라고 말해 주세요.

🏠 온 가족 기도 - 가족 모두

인도자 하나님, 우리 부부를 사랑해 주시고 지금까지 인도해 주셔서 감사합니다.
가　족 우리 부부의 꿈과 비전이 예수님을 닮아 가는 것임을 고백합니다.
인도자 우리 부부가 서로를 긍휼히 여기게 해주시고, 서로의 연약함을 보듬어 주는 넓은 마음을 갖게 해주세요.
다 같이 우리 가정의 주인이신 예수님의 이름으로 기도합니다. 아멘.

03
자녀를 기다려요

"우리에게 아이가 생긴다면?"
자녀를 기다리는 부부의 모습은 다양합니다. 아직 둘만의 시간을 더 가지고 싶은 부부, 기도하며 애타게 아이를 기다리는 부부, 둘째 셋째 자녀를 원하지만 현실적인 이유로 고민하는 부부도 있습니다. 오늘은 자녀를 기다리며 다양한 생각과 감정, 상황을 마주하고 있는 부부가 하나님을 예배하는 날입니다. 우리만의 계획을 세우기보다 하나님의 이끄심을 믿음으로 고백해 보세요. 우리에게 자녀를 허락하실 하나님을 찬양하는 가정예배에 초대합니다.

_____년 _____월 _____일

🌸 **가정예배 참석자 :** _____

_____

🌸 **가정예배 장소 :** _____

🏠 예배 공간 만들기 — 가족 모두

1) 마음과 시간의 공간 만들기

부부가 가정예배를 드릴 마음과 시간의 공간을 준비할 수 있도록 미리 가정예배에 관한 이야기를 나눠주세요.

2) 일상의 공간을 예배드리는 공간으로 만들기

예배드리는 장소에 성경과 작은 십자가를 놓아주세요.
부부가 좋아하는 찬양으로 예배 공간을 채워보세요.

🏠 예배의 부름 — 예배 인도자

우리를 사랑받는 자녀로 삼아주신 하나님, 오늘 이 시간 우리 부부가 놀라운 하나님의 사랑 안에 거하도록 인도해 주세요. 우리 가정에 생명의 복을 주실 하나님의 마음을 느끼고 깨닫는 시간이 되게 해주세요. 예수님의 이름으로 기도합니다. 아멘.

🏠 찬양 — 가족 모두

당신은 하나님의 언약 안에 있는 축복의 통로

말씀 - 맡은 이

1) 성경 봉독

시편 127:3-5

³ 보라 자식들은 여호와의 기업이요 태의 열매는 그의 상급이로다
⁴ 젊은 자의 자식은 장사의 수중의 화살 같으니
⁵ 이것이 그의 화살통에 가득한 자는 복되도다 그들이 성문에서 그들의 원수와 담판할 때에 수치를 당하지 아니하리로다

2) 말씀

하나님은 다양한 비유로 가정에 대해 말씀하십니다. 특별히 자녀를 기업과 상급과 화살에 비유하십니다. 기업은 본래 하나님이 이스라엘에게 복으로 주신 땅을 말할 때 쓰였습니다. 이 말씀은 자녀가 부모의 소유가 아니라 바로 하나님의 소유이며, 하나님의 전적인 선물임을 의미합니다.

두 번째로 태의 열매는 품꾼이 일하고 받는 '삯'의 뜻을 가지고 있습니다. 품삯은 농장의 주인이 품꾼에게 주는 것입니다. 따라서 자녀의 소유권은 하나님으로부터 온다는 것을 말합니다.

마지막 화살의 비유는 무엇을 의미할까요? 서로를 도와주고 보호하라는 의미가 담겨 있습니다. 하나님이 우리를 안전하게 지키시는 것처럼 부모와 자녀는 서로에게 큰 힘이 되어주고, 든든한 울타리가 되어줍니다.

하나님은 우리 가정을 향한 놀라운 계획을 가지고 계십니다. 귀한 기업을 이루는 복을 주시길 기뻐하십니다. 이러한 하나님의 은혜가 우리 가정에 임하기를 소망합니다.

🏠 은혜 나누기 – 가족 모두

- 자녀를 기다리며 드는 생각과 감정을 서로에게 이야기해 보세요. 그리고 그 마음과 생각 그대로를 하나님께 맡기는 기도를 드려보세요.
- 우리 부부에게 선물로 주실 자녀와 이룰 더욱 복된 가정을 상상하며, 이야기를 나눠보세요. (예: 5년 후, 10년 후, 20년 후 우리 가정의 모습)

🏠 온 가족 기도 – 가족 모두

인도자 하나님, 우리에게 여호와의 기업을 세우실 복된 계획을 보여주셔서 감사합니다.

가 족 하나님의 상급을 바라고 원하며 기도하는 가정이 되도록 인도해 주세요.

인도자 우리 가정이 하나님의 보호와 사랑을 받는 든든한 가정이 되길 원합니다.

다 같이 언제나 우리를 지켜주시고 좋은 것으로 채워주시는 예수님의 이름으로 기도합니다. 아멘.

04

태중에 자녀와 함께 예배해요

임신 N주차 D일!

10개월의 임신 기간은 부부에게 아주 특별하고 신비로운 시간입니다. 이제 막 임신 테스트기로 아이가 생긴 것을 확인한 가정, 정기 검사를 하며 산모와 아이가 건강하길 기도하는 가정, 배 속에서 느껴지는 아이의 발길질로 생명의 신비를 누리고 있는 가정 등. 현재 임신 중인 예비 부모가 기쁨으로 드릴 수 있는 가정예배입니다. 우리 아이가 하나님이 주신 귀한 선물임을 고백하는 '태중에 자녀와 함께 드리는 가정예배'에 초대합니다.

_____년 _____월 _____일

❀ 가정예배 참석자 : _____

_____

❀ 가정예배 장소 : _____

 예배 공간 만들기 － 가족 모두

1) 마음과 시간의 공간 만들기
부부가 가정예배를 드릴 마음과 시간의 공간을 준비할 수 있도록 미리 가정예배에 관한 이야기를 나눠주세요.

2) 일상의 공간을 예배드리는 공간으로 만들기
예배드리는 장소에 성경과 작은 십자가를 놓아주세요.
배 속에 있는 아이에게 들려주고 싶은 찬양으로 예배 공간을 채워보세요.
임신 테스트기, 아이의 초음파 사진, 미리 준비해 둔 아이의 물건으로 예배 공간을 꾸며보세요.

 예배의 부름 － 예배 인도자

사랑의 하나님, 태중에 있는 ㅇㅇ와 첫 번째 가정예배를 드릴 수 있게 해주셔서 감사합니다. 이 시간 우리 부부와 ㅇㅇ가 하나님을 깊이 만나도록 인도해 주세요. 예수님의 이름으로 기도합니다. 아멘.

찬양 － 가족 모두

당신은 하나님의 언약 안에 있는 축복의 통로

말씀 - 맡은 이

1) 성경 봉독

창세기 12:2-3

2 내가 너로 큰 민족을 이루고 네게 복을 주어 네 이름을 창대하게 하리니 너는 복이 될지라

3 너를 축복하는 자에게는 내가 복을 내리고 너를 저주하는 자에게는 내가 저주하리니 땅의 모든 족속이 너로 말미암아 복을 얻을 것이라 하신지라

2) 말씀

하나님은 고향에서 잘 살고 있던 아브라함을 왜 낯선 곳으로 불러내셨을까요? 먼저, 하나님은 아브라함이 신앙의 명문 가정을 이루길 원하셨기 때문입니다. 아브라함이 본래 살던 곳은 우상의 문화가 넘치는 곳이었습니다. 그래서 하나님은 아브라함이 그곳에서 벗어나 하나님의 진정한 복을 누리길 원하셨습니다. 그를 통해 태어날 자손들이 참된 복을 누리며 믿음의 가정을 이루길 원하셨습니다.

또한 하나님은 아브라함이 예배하는 가정을 이루길 원하셨습니다. 아브라함은 하나님을 만난 곳에 제단을 쌓고, 벧엘 동쪽 산으로 옮긴 후에도 제단을 쌓았습니다. 즉, 우리 가정의 주인이 하나님이심을 예배드림으로 고백했습니다.

우리 가정을 향한 하나님의 계획과 뜻은 무엇일까요? 우리 가정이 하나님이 허락하신 자녀의 복을 통해 믿음의 공동체가 되는 것입니다. 하나님은 우리가 가는 곳마다 축복의 통로가 되기를 기대하십니다. 태중의 아이와 함께 우리 가정이 평생 믿음의 발걸음을 걷기를 소망합니다.

🏠 은혜 나누기 - 가족 모두

- 부부가 함께 태아 사진이나 동영상을 보며 요즘 더 깊이 느껴지는 하나님 아버지의 생각과 마음을 나눠보세요.
- 아이가 태어나면 언제 어떻게 가정예배를 드릴지 이야기를 나눠보세요.
- 부부가 엄마 배에 손을 얹고 아이를 축복하거나, 아이에게 축복하는 찬양을 불러주세요.

🏠 온 가족 기도 - 가족 모두

인도자 하나님, 우리 가정을 복의 통로로 세워주셔서 감사합니다.
가 족 우리 가정이 하나님이 주신 복으로 신앙의 명문 가정을 이루도록 인도해 주세요.
인도자 태중의 자녀가 평생 예배자로 강건한 믿음을 가지고 살아가도록 함께해 주세요.
다 같이 복의 근원이신 예수님의 이름으로 기도합니다. 아멘.

05

자녀가 태어났어요

응애응애!
산부인과 신생아실 창문 너머로 우리 아이를 바라보며 경이로움을 맛본 오늘, 산후조리원에서 아이의 작디작은 손과 발을 만지며 "내가 엄마야, 내가 아빠야"를 연신 이야기한 오늘, 우리 아이를 처음 집에 데리고 와서 "○○야, 여기가 우리 집이야"라고 이야기한 오늘, 하나님이 주시는 생명의 신비함을 경험한 바로 '오늘'을 하나님께 드려보세요. 아이와 함께 생명의 하나님을 찬양할 수 있는 가정예배에 초대합니다.

_____년 _____월 _____일

🌸 가정예배 참석자 : _____

_____

🌸 가정예배 장소 : _____

🏠 예배 공간 만들기 - 가족 모두

1) 마음과 시간의 공간 만들기

부부가 가정예배를 드릴 마음과 시간의 공간을 준비할 수 있도록 미리 가정예배에 관한 이야기를 나눠주세요.

2) 일상의 공간을 예배드리는 공간으로 만들기

예배드리는 장소에 성경과 작은 십자가를 놓아주세요.
임신 기간에 즐겨 들었던 찬양으로 예배 공간을 채워보세요.
산모와 신생아에게 가장 편안한 시간과 환경에서 예배를 드려보세요.

🏠 예배의 부름 - 예배 인도자

생명의 하나님, 하나님이 선물로 주신 우리 ○○와 가정예배를 드리게 해주셔서 감사합니다. 우리 가족에게 베풀어 주신 모든 은혜에 감사드리며 하나님을 진심으로 찬양하는 예배 시간이 되도록 인도해 주세요. 예수님의 이름으로 기도합니다. 아멘.

🏠 찬양 - 가족 모두

야곱의 축복 (너는 담장 너머로 뻗은 나무)

 - 맡은 이

1) 성경 봉독

창세기 49:22, 25

²² 요셉은 무성한 가지 곧 샘 곁의 무성한 가지라 그 가지가 담을 넘었도다
²⁵ 네 아버지의 하나님께로 말미암나니 그가 너를 도우실 것이요 전능자로 말미암나니 그가 네게 복을 주실 것이라 위로 하늘의 복과 아래로 깊은 샘의 복과 젖먹이는 복과 태의 복이리로다

2) 말씀

하나님이 우리 가정에 생명의 복을 허락해 주셨습니다. 사랑하는 ○○를 선물로 주셨습니다. 생명의 신비와 놀라운 은혜를 베푸신 하나님께 감사합니다. 사랑하는 자녀를 보면 소망, 기쁨, 책임감 등 여러 감정이 교차합니다. 그러나 무엇보다 먼저 하나님이 베푸실 은혜를 기대하게 됩니다.

하나님은 우리 자녀를 통해 어떤 복을 주실까요? 오늘 본문은 하나님이 요셉에게 샘 곁에 심긴 무성한 가지의 은혜를 주셨다고 말합니다. 샘 곁에 있는 가지는 목마르지 않습니다. 언제나 생명수를 공급받기 때문입니다. 그 가지는 튼튼하게 자라 담을 넘기까지 성장합니다.

하나님이 우리 ○○에게 요셉의 복을 허락해 주시리라 믿습니다. 이 약속의 복은 한순간에 이뤄지는 것이 아니라 지속됩니다. 하나님이 ○○를 평생 도와주실 겁니다. 모든 것을 아시는 전능하신 하나님의 손길로 ○○의 삶을 세밀하고 친절하게 이끄실 것입니다. 사랑하는 ○○를 하나님의 품에 언제나 품어 주실 것을 믿습니다.

🏠 은혜 나누기 - 가족 모두

- 임신부터 출산까지 산모와 아이를 돌봐주신 하나님의 은혜를 떠올리며 이야기를 나눠보세요.
- 아빠와 엄마가 아이의 몸에 손을 얹고 "하나님이 언제나 우리 ○○를 지켜주실 거야 축복해"라고 이야기해 주세요.
- 자녀가 태어나고 처음 함께 드린 가정예배를 기념하는 가족사진을 찍어보세요.

🏠 온 가족 기도 - 가족 모두

인도자 하나님, 우리 가정에 귀한 생명의 복을 주셔서 감사합니다.
가 족 요셉에게 주셨던 복을 ○○에게도 주셔서, 샘 곁에 심긴 무성한 나무가 되게 해주세요.
인도자 사랑하는 ○○가 이웃을 살리고 회복시키는 요셉과 같은 삶을 살게 인도해 주세요.
다 같이 하늘의 복과 깊은 샘의 복을 주시는 예수님의 이름으로 기도합니다. 아멘.

06 자녀가 첫돌을 맞이해요

"첫돌을 축하합니다!"
하나님의 귀한 선물, ○○가 태어난 지 벌써 1년이 되었습니다. 부모님은 자녀의 첫 번째 생일을 특별하고 의미 있게 보내기 위해 돌잔치와 돌사진 촬영 계획을 정성껏 준비하고 계시겠죠? 소중한 자녀 ○○의 첫 번째 생일을 '우리만의 잔치'가 아닌, '하나님과 함께하는 풍성한 잔치'로 만들어보세요. 아이의 첫돌 가정예배에 초대합니다.

_____년 _____월 _____일

🌸 **가정예배 참석자 :** _____

_____

🌸 **가정예배 장소 :** _____

🏠 예배 공간 만들기 - 가족 모두

1) 마음과 시간의 공간 만들기

가족이 가정예배를 드릴 마음과 시간의 공간을 준비할 수 있도록 미리 가정예배에 관한 이야기를 나눠주세요.

2) 일상의 공간을 예배드리는 공간으로 만들기

예배드리는 장소에 성경과 작은 십자가를 놓아주세요.
자녀에게 들려주고 싶은 축복 찬양으로 예배 공간을 채워보세요.
자녀의 첫돌을 축하하는 케이크, 사진 등으로 예배 공간을 꾸며보세요.

🏠 예배의 부름 - 예배 인도자

언제나 우리 가족과 함께하시는 하나님, 하나님이 선물로 주신 우리 ○○의 첫 번째 생일에 하나님을 예배하게 해주셔서 감사합니다. 이 예배를 통해 우리 ○○와 가족 모두가 하나님의 사랑받는 자녀라는 사실을 깊이 경험하도록 인도해 주세요. 예수님의 이름으로 기도합니다. 아멘.

🏠 찬양 - 가족 모두

하나님은 너를 지키시는 자

 - 맡은 이

1) 성경 봉독
잠언 3:16-18
16 그의 오른손에는 장수가 있고 그의 왼손에는 부귀가 있나니
17 그 길은 즐거운 길이요 그의 지름길은 다 평강이니라
18 지혜는 그 얻은 자에게 생명 나무라 지혜를 가진 자는 복되도다

2) 말씀
하나님이 사랑하는 ○○를 선물로 보내주신 지 벌써 일 년이 지났습니다. 한 해 동안 건강하게 지켜주시고 보호해 주신 하나님께 감사를 드립니다. 자녀가 돌이 되면 부모는 자녀의 손에 무엇인가를 쥐여 주며, 자녀가 그런 삶을 살기를 소원합니다.
그러나 오늘 성경은 하나님이 자녀의 양손에 무엇을 허락하시는지 말합니다. 오른손에는 장수와 왼손에는 부귀입니다. 장수는 건강의 복입니다. 부귀는 단순히 재물을 뜻하는 것이 아닙니다. 재물을 건강하게 벌고 올바로 쓸 줄 아는 영예로운 부귀를 말합니다.
그런데 이 모든 복을 받으려면, 하나님을 아는 지혜가 있어야 합니다. 사랑하는 우리 ○○가 선한 영향력을 전하는 은혜의 자녀가 되길 소망합니다. 평생 하나님을 사랑하고, 하나님의 지혜를 따르는 믿음의 자녀가 되길 원합니다. 하나님이 ○○의 삶의 생명나무가 되어주셔서 하나님의 너른 품에 안아 주실 것을 믿습니다.

🏠 은혜 나누기 — 가족 모두

- ○○가 태어났을 때부터 첫 생일을 맞이하는 지금까지 우리 가정에 주신 하나님의 은혜를 나눠보고, 돌 기념 가정예배 가족사진을 찍어보세요.
- 앞으로 매년 ○○의 생일마다 가정예배를 드리거나 축복기도를 해주기로 다짐해 보세요.
- 자녀의 삶에 중심이 되길 원하는 성경 말씀을 선정하고, 자녀의 이름을 넣어 돌 기념 말씀 액자를 만들어보세요.

🏠 온 가족 기도 — 가족 모두

인도자 하나님, 사랑하는 ○○를 한 해 동안 지켜주시고 보호해 주셔서 감사합니다.

가 족 사랑하는 ○○가 하나님이 주시는 건강의 복과 영예로운 부귀를 누리게 해주세요.

인도자 무엇보다 주님을 사랑하고, 하나님을 지혜의 근원으로 삼는 믿음의 자녀가 되게 해주세요.

다 같이 우리 가정의 참 생명나무이신 예수님의 이름으로 기도합니다. 아멘.

07 자녀의 입학을 축하해요

"우리 ○○가 벌써 입학을 하다니!"
자녀의 입학을 기다리며 가방과 학용품을 준비하고, 자녀의 원활한 학교생활을 위해 부모로서 어떤 지원을 해야 하는지 알아보는 시기를 보내고 계신가요? 설렘 반, 걱정 반으로 자녀의 입학을 준비하고 계실 부모님과 자녀가 함께 드리기 좋은 예배! 우리 자녀가 학교(어린이집, 유치원)에 잘 적응하고 좋은 친구들과 선생님을 만나길 기도하는 입학 감사 가정예배에 초대합니다.

_____년 _____월 _____일

❀ 가정예배 참석자 : _____

_____

❀ 가정예배 장소 : _____

🏠 예배 공간 만들기 - 가족 모두

1) 마음과 시간의 공간 만들기

가족이 가정예배를 드릴 마음과 시간의 공간을 준비할 수 있도록 미리 가정예배에 관한 이야기를 나눠주세요.

2) 일상의 공간을 예배드리는 공간으로 만들기

예배드리는 장소에 성경과 작은 십자가를 놓아주세요.
가족이 좋아하는 찬양으로 예배 공간을 채워보세요.

🏠 예배의 부름 - 예배 인도자

지혜의 원천이신 하나님, 이 시간 하나님의 사랑받는 자녀 ○○의 입학을 축하하며 하나님께 예배드립니다. 사랑하는 ○○와 우리 가정에 함께해 주세요. 예수님의 이름으로 기도합니다. 아멘.

🏠 찬양 - 가족 모두

하나님께서 당신을 통해 메마른 땅에 샘물 나게 하시기를

 - 맡은 이

1) 성경 봉독
출애굽기 23:20
²⁰ 내가 사자를 네 앞서 보내어 길에서 너를 보호하여 너를 내가 예비한 곳에 이르게 하리니

누가복음 2:52
⁵² 예수는 지혜와 키가 자라가며 하나님과 사람에게 더욱 사랑스러워 가시더라

2) 말씀
사랑하는 우리 ○○가 이제 "유치원, 초등학교, 중학교, 고등학교, 대학교" 입학을 기다리고 있습니다. 지금까지 우리 ○○를 지켜주시고 인도해 주신 하나님께 감사합니다.

오늘 본문은 예수님의 어린 시절을 보여주고 있습니다. 예수님은 어린 시절 동안 균형 있는 성장을 하셨습니다. 때를 따라, 시절을 좇아 지혜와 몸이 자라셨습니다. 무엇보다 하나님께 큰 사랑을 받았고 주변 사람들에게도 사랑을 받으셨습니다.

오늘 하나님이 우리 ○○와 함께하셔서 지혜와 명철을 주실 것을 믿습니다. ○○가 하나님께 큰 사랑을 받는 자녀로, 선생님과 친구들에게도 사랑받을 것입니다. 하나님이 ○○를 나쁜 것들로부터 보호해 주시고 안전하고 든든하게 지켜주실 것입니다. 만남의 복을 주셔서 좋은 선생님과 친구들을 허락해 주실 것입니다. 무엇보다 예수님을 닮아 온유하고 겸손한 성품으로 성장할 것을 믿음으로 고백합니다.

🏠 은혜 나누기 — 가족 모두

- 입학을 기다리는 ○○와 가족에게 어떤 마음이 드는지 이야기를 나눠보세요.
- 앞으로 ○○가 학교(어린이집, 유치원)생활을 할 때, 하나님이 어떤 부분을 도와주시길 바라는지 이야기해 보세요.
- 접착 종이에 ○○를 위한 기도 제목을 적고 함께 기도해 보세요.

🏠 온 가족 기도 — 가족 모두

인도자 하나님, 사랑하는 ○○에게 새로운 과정을 열어주셔서 감사합니다.
가 족 사랑하는 ○○가 예수님을 닮아 마음과 몸과 생각이 균형 있게 성장할 수 있도록 인도해 주세요.
인도자 ○○에게 만남의 복을 주시고, ○○를 악한 것들로부터 보호해 주세요.
다 같이 우리 가정을 보호하시며, 우리의 길을 예비하시는 예수님의 이름으로 기도합니다. 아멘.

08

자녀의 졸업을 축하해요

"졸업을 축하합니다!"
자녀의 졸업식을 앞둔 마음이 어떠신가요? 혹은 자녀의 졸업식에서 가족사진을 찍을 때 어떤 마음이셨나요? 지난 몇 년간 키도 지혜도 훌쩍 자란 자녀가 대견하시지요? 자녀를 위해 부모로서 수고한 날들도 되돌아보는 시간을 보내고 계실 것 같습니다. "이 모든 것이 하나님의 은혜였습니다!"라고 고백하는 자리, 자녀의 졸업 감사 가정예배에 초대합니다.

_____년 _____월 _____일

🌸 가정예배 참석자 : _____

_____

🌸 가정예배 장소 : _____

🏠 예배 공간 만들기   — 가족 모두

1) 마음과 시간의 공간 만들기

가족이 가정예배를 드릴 마음과 시간의 공간을 준비할 수 있도록 미리 가정예배에 관한 이야기를 나눠주세요.

2) 일상의 공간을 예배드리는 공간으로 만들기

예배드리는 장소에 성경과 작은 십자가를 놓아주세요.
가족이 평소에 좋아하는 축복 찬양으로 예배 공간을 채워보세요.
졸업을 축하하는 케이크, 꽃 등으로 예배 공간을 꾸며보세요.

🏠 예배의 부름   — 예배 인도자

우리를 항상 선한 길로 인도하시는 사랑의 하나님, 오늘 우리 가족이 ○○의 졸업을 축하하며 하나님께 예배를 드립니다. 이 시간 하나님의 은혜와 우리의 감사 고백으로 풍성한 가정예배가 되게 해주세요. 예수님의 이름으로 기도합니다. 아멘.

🏠 찬양   — 가족 모두

찬송가 88장   내 진정 사모하는 1절

말씀 - 맡은 이

1) 성경 봉독
역대하 9:8
8 당신의 하나님 여호와를 송축할지로다 하나님이 당신을 기뻐하시고 그 자리에 올리사 당신의 하나님 여호와를 위하여 왕이 되게 하셨도다 당신의 하나님이 이스라엘을 사랑하사 영원히 견고하게 하시려고 당신을 세워 그들의 왕으로 삼아 정의와 공의를 행하게 하셨도다 하고

2) 말씀
오늘 사랑하는 우리 ○○가 주어진 과정을 잘 마치고 졸업을 했습니다. 지금까지 인도해 주신 하나님께 감사와 영광을 올려드립니다. 하나님이 ○○의 지혜가 자라게 하셨고, 몸도 마음도 성장하며 성숙하게 하셨습니다.

오늘 말씀은 스바 여왕이 솔로몬왕의 지혜와 이스라엘 나라를 본 후 하나님을 찬송하는 내용입니다. 솔로몬의 지혜는 어디에서 왔을까요? 하나님은 솔로몬에게 백성을 재판하고 잘 다스리라고 넘치는 지혜를 부어주셨습니다. 솔로몬의 소원은 하나님이 맡기신 백성을 잘 다스리는 것이었습니다.

졸업하면서 우리가 하나님께 어떤 감사를 할 수 있을까요? 또 어떤 기도를 할 수 있을까요? 하나님이 우리 ○○에게 솔로몬에게 주셨던 지혜를 주시길 축복합니다.

또한, 솔로몬이 하나님께 바라고 기도했던 내용처럼 하나님이 ○○에게 다른 사람을 섬기는 지혜와 선한 영향력을 미치는 달란트를 부어주시길 기도합니다. 솔로몬을 통해 이방 나라의 스바 여왕이 하나님의 이름을 찬양하고 경배한 것처럼, 우리 ○○를 통해 하나님이 영광 받으실 것입니다.

🏠 은혜 나누기 - 가족 모두

- ○○가 졸업하면서 가족이 하나님께 어떤 감사를 고백할 수 있을지 이야기 나눠보세요.
- ㈜부모님이 자녀에게 "하나님이 ○○에게 지혜를 부어주시고, ○○가 하나님께 영광 올려드리는 삶을 살도록 인도해 주세요"라고 축복기도를 해준 뒤 자녀를 안아주세요.
- 앞으로 우리 가족에게 있을 입학식과 졸업식을 생각해 보고 앞으로의 과정을 위해 축복의 말을 나눠보세요.

🏠 온 가족 기도 - 가족 모두

인도자 하나님, 사랑하는 ○○를 지금까지 지켜주시고, ○○가 자신에게 주어진 과정을 잘 마칠 수 있도록 인도해 주셔서 감사합니다.

가 족 우리에게 지혜와 명철을 부어주시고 하나님의 영광을 위해 살아가도록 인도해 주세요.

인도자 우리 가정이 선한 영향력을 전하는 믿음의 사람들이 되도록 함께 해 주세요.

다 같이 모든 영광을 받기에 합당하신 우리 주 예수님의 이름으로 기도합니다. 아멘.

09 초등학생 자녀와 함께해요

8살, 9살, 10살 … 13살! 오늘은 우리 집의 자랑스러운 초등학생, 사랑하는 ○○와 가정예배를 드립니다. 우리 가정의 자녀 ○○의 의견을 적극적으로 반영해서 가정예배를 준비해 보세요. 가정예배드리는 공간 꾸미기, 가정예배 순서 담당자 정하기, 가정예배 시간 정하기 등을 자녀가 직접 해보면 어떨까요? 부모님은 자녀가 가장 좋아하는 음식을 준비해 주셔서 온 가족이 행복한 식탁 교제를 하며 가정예배를 마무리해 보세요!

_____년 _____월 _____일

❀ 가정예배 참석자 : _____
   _____

❀ 가정예배 장소 : _____

🏠 **예배 공간 만들기**   - 가족 모두

1) 마음과 시간의 공간 만들기

가족이 가정예배를 드릴 마음과 시간의 공간을 준비할 수 있도록 미리 가정예배에 관한 이야기를 나눠주세요.

2) 일상의 공간을 예배드리는 공간으로 만들기

예배드리는 장소에 성경과 작은 십자가를 놓아주세요.
가족이 좋아하는 찬양으로 예배 공간을 채워보세요.

🏠 **예배의 부름**   - 예배 인도자

따뜻한 사랑의 가족을 선물로 주신 하나님, 이 시간 우리 가족이 함께 모여 하나님을 예배합니다. 이 예배를 통해 우리 가정을 향한 하나님의 사랑을 느끼게 해주시고, 하나님을 향한 믿음이 더욱 자라나는 시간 되도록 함께해 주세요. 예수님의 이름으로 기도합니다. 아멘.

🏠 **찬양**   - 가족 모두

나는 하나님을 예배하는 예배자입니다

 **말씀** – 맡은 이

1) 성경 봉독
시편 1:1-3

¹ 복 있는 사람은 악인들의 꾀를 따르지 아니하며 죄인들의 길에 서지 아니하며 오만한 자들의 자리에 앉지 아니하고
² 오직 여호와의 율법을 즐거워하여 그의 율법을 주야로 묵상하는도다
³ 그는 시냇가에 심은 나무가 철을 따라 열매를 맺으며 그 잎사귀가 마르지 아니함 같으니 그가 하는 모든 일이 다 형통하리로다

2) 말씀

우리 가정은 하나님을 예배하며 섬기는 믿음의 가정입니다. 성경은 믿음의 사람을 복 있는 사람이라고 말합니다. 복 있는 사람은 악인들을 멀리하는 특징이 있습니다. 악한 사람들은 우리가 하나님의 길을 올바로 갈 수 없게 하고, 죄의 자리에 앉도록 합니다. 하지만 복 있는 사람은 그 유혹을 이겨내는 사람입니다. 오직 여호와의 율법을 즐거워하고, 하나님의 말씀을 늘 생각하고 따르는 사람입니다.

우리가 하나님의 말씀을 따라 살면 어떤 일이 일어날까요? 하나님은 말씀을 따라 사는 사람들에게 시냇가에 심은 나무와 같은 복을 주십니다. 시냇가의 나무는 늘 물을 공급받기 때문에 봄, 여름, 가을, 겨울 동안 잘 성장하여 아름답고 멋진 열매를 맺습니다. 그 잎사귀가 마르지 않고 항상 푸릇한 생기가 돋습니다. 이처럼 하나님은 복 있는 사람에게 모든 일이 형통하는 은혜를 허락하십니다.

사랑하는 여러분, 우리 가정이 하나님의 말씀을 듣기에 기뻐하고 읽기에 즐거워하는 믿음의 가정이 되기를 소망합니다. 온 가족이 이렇게 고백해볼까요? "당신은 복 있는 사람입니다."

🏠 은혜 나누기 － 가족 모두

- 준비한 음식을 먹거나 음료를 마시며, 요즘 자신의 마음이 어떤 계절을 닮아 있는지 이야기를 나눠보세요.
- 초등학생 ○○의 삶을 하나님이 선하게 인도해 주시고, 풍성하게 열매를 맺게 해주실 것이라는 믿음을 담아 다 같이 ○○를 안아주세요.

🏠 온 가족 기도 － 가족 모두

인도자 하나님, 우리 가족을 복 있는 사람들로 불러주시니 감사합니다.
가　족 우리 가족이 악인의 길을 따르지 않고, 하나님의 말씀을 따라 살아가도록 인도해 주세요.
인도자 시냇가에 심긴 나무처럼 시절을 따라 믿음의 열매를 맺는 은혜를 허락해 주세요.
다 같이 형통의 복을 주시는 예수님의 이름으로 기도합니다. 아멘.

10. 중고등학생 자녀와 함께해요

아빠, 엄마만큼이나 정말 바쁜 스케줄을 소화하고 있는 우리 자녀, 학교와 학원 생활로 늦은 저녁에야 만나게 되는 사랑하는 자녀 ○○입니다. 주일에도 각자의 부서에서 예배하기 때문에 온 가족이 함께 예배드린 기억이 가물가물할지 모릅니다. 온 식구가 모여 식사하기도 어려운 요즘이지만, 오늘은 특별히 ○○와 함께 가정예배를 드려보세요. "너희는 먼저 그의 나라와 그의 의를 구하라"(마 6:33)라는 주님의 말씀에 순종하며, 믿음의 가정임을 고백하는 가정예배입니다.

_____년 _____월 _____일

❋ 가정예배 참석자 : _____

_____

❋ 가정예배 장소 : _____

🏠 예배 공간 만들기 — 가족 모두

1) 마음과 시간의 공간 만들기

가족이 가정예배를 드릴 마음과 시간의 공간을 준비할 수 있도록 미리 가정예배에 관한 이야기를 나눠주세요.

2) 일상의 공간을 예배드리는 공간으로 만들기

예배드리는 장소에 성경과 작은 십자가를 놓아주세요.
가족이 좋아하는 찬양으로 예배 공간을 채워보세요.

🏠 예배의 부름 — 예배 인도자

언제나 우리와 함께하시는 하나님, 이 시간 특별히 사랑하는 자녀 ○○와 하나님께 예배합니다. 바쁜 삶 속에서도 우리 가족 모두가 하나님을 향한 믿음을 고백하는 자리가 되도록 인도해 주세요. 예수님의 이름으로 기도합니다. 아멘.

🏠 찬양 — 가족 모두

주님 뜻대로 살기로 했네 (돌아서지 않으리)

 **- 맡은 이**

1) 성경 봉독
다니엘 1:8-9

8 다니엘은 뜻을 정하여 왕의 음식과 그가 마시는 포도주로 자기를 더럽히지 아니하리라 하고 자기를 더럽히지 아니하도록 환관장에게 구하니
9 하나님이 다니엘로 하여금 환관장에게 은혜와 긍휼을 얻게 하신지라

2) 말씀

다니엘은 어려운 상황에서도 하나님을 향한 믿음을 지킨 사람입니다. 이런 다니엘의 믿음은 언제부터 시작됐을까요? 다니엘은 바벨론에 포로로 잡혀 오면서 엄청난 변화를 경험합니다. 언어가 바뀌고 음식이 달라지며, 자신과 함께하던 가족과 강제로 이별합니다. 다니엘의 나이 12~15살 즈음에 일어났던 일입니다.

그럼에도 다니엘은 환경에 흔들리지 않았습니다. 뜻을 정하여 하나님을 향한 믿음을 지키기로 결정합니다. 다니엘은 왕이 주는 음식을 먹지 않았습니다. 그 음식이 우상 신에게 바쳐졌던 음식이기 때문입니다. 하나님은 믿음의 결정을 한 다니엘에게 '은혜'와 '긍휼'을 베풀어 주십니다. 믿음을 지키며 채식을 한 다니엘과 친구들이 다른 소년들보다 건강하고 지혜가 넘치게 해주십니다.

사랑하는 여러분, 하나님은 우리가 믿음을 지키기로 뜻을 정할 때 은혜와 긍휼을 베풀어 주십니다. 하나님만을 섬기는 우리 가정이 되기를 축복합니다.

🏠 은혜 나누기 - 가족 모두

- 중고등학생이 가정예배를 드리는 것은 정말 대단한 일입니다. ○○를 칭찬하고 격려해 주시고, 우리 가족 모두가 하나님의 은혜로 예배드리고 있다는 의미로 다 같이 박수를 쳐주세요.
- (조)부모님이 자녀의 손을 잡고 "○○가 하나님만 믿으며, 하나님의 은혜 속에 거하는 삶을 살게 해주세요"라고 기도해 주세요.

🏠 온 가족 기도 - 가족 모두

인도자 하나님, 우리 가정이 하나님의 뜻을 따르도록 인도해 주셔서 감사합니다.
가 족 우리가 믿음으로 살 때, 하나님이 은혜와 긍휼을 베풀어 주실 것을 믿습니다.
인도자 평생 하나님만 섬기는 믿음의 가정이 되게 해주세요.
다 같이 우리의 도움과 힘이신 예수님의 이름으로 기도합니다. 아멘.

11

입시를 앞둔 자녀가 있어요

"시험 D-10일"

중요한 시험을 앞둔 자녀를 바라보는 부모님은 걱정되고, 답답하고, 안쓰러운 마음이 듭니다. 힘든 시기를 보내고 있는 자녀만큼, 사랑하는 자녀를 바라보는 부모의 마음도 참 어려운 시기입니다. 이 어려운 시기에 가족이 다 함께 가정에서 예배를 드리며, 우리의 계획과 능력이 아닌 하나님을 전적으로 신뢰하는 믿음을 고백해 보세요. 입시를 앞두고 드리는 특별한 가정예배에 초대합니다.

_____년 _____월 _____일

❀ 가정예배 참석자 : _____

_____

❀ 가정예배 장소 : _____

🏠 예배 공간 만들기 - 가족 모두

1) 마음과 시간의 공간 만들기

가족이 가정예배를 드릴 마음과 시간의 공간을 준비할 수 있도록 미리 가정예배에 관한 이야기를 나눠주세요.

2) 일상의 공간을 예배드리는 공간으로 만들기

예배드리는 장소에 성경과 작은 십자가를 놓아주세요.
가족이 좋아하는 찬양으로 예배 공간을 채워보세요.

🏠 예배의 부름 - 예배 인도자

인생의 주관자이신 하나님, 이 시간 우리 가족이 모여 하나님을 예배합니다. 하나님이 주시는 힘과 위로로 우리의 영혼이 평안하게 해주세요. 예수님의 이름으로 기도합니다. 아멘.

🏠 찬양 - 가족 모두

완전하신 나의 주 (예배합니다)

말씀 – 맡은 이

1) 성경 봉독

에베소서 1:17-19

¹⁷ 우리 주 예수 그리스도의 하나님, 영광의 아버지께서 지혜와 계시의 영을 너희에게 주사 하나님을 알게 하시고

¹⁸ 너희 마음의 눈을 밝히사 그의 부르심의 소망이 무엇이며 성도 안에서 그 기업의 영광의 풍성함이 무엇이며

¹⁹ 그의 힘의 위력으로 역사하심을 따라 믿는 우리에게 베푸신 능력의 지극히 크심이 어떠한 것을 너희로 알게 하시기를 구하노라

2) 말씀

그동안 하나님이 우리 ○○에게 건강과 체력을 주셨고, 지혜를 주셨습니다. ○○도 새로운 도약을 위해 열심히 준비해 왔습니다.

오늘 말씀은 하나님을 지혜의 하나님으로 표현합니다. 모든 지혜는 하나님으로부터 옵니다. 하나님이 우리에게 지혜를 주시는 이유는 무엇일까요? 그 지혜로 우리가 하나님을 더욱 잘 알게 하시기 위함입니다. 우리의 눈을 열어 주시기 위함입니다. 이 시간 하나님이 사랑하는 ○○에게 큰 지혜를 베풀어 주시길 원합니다. 또한 지금까지 준비해 온 것을 잘 표현할 수 있도록 은혜를 주시리라 믿습니다. ○○에게 하나님을 알아 가는 지혜가 넘치기를 축복합니다.

또한 하나님은 부르심의 소망을 주신다고 약속하십니다. 하나님이 사랑하는 ○○에게 어떤 부르심을 주셨는지, 무엇을 예비하셨는지 알게 하십니다. 그리고 하나님이 그 모든 과정에 함께하실 줄 믿습니다. ○○의 입시의 과정이 끝날 때, 우리 가정에 하나님께 존귀와 영광을 올려드리는 은혜의 고백이 넘치길 소망합니다.

🏠 은혜 나누기 - 가족 모두

- 시험을 준비하는 요즘, 하나님께 어떤 제목으로 기도하고 있는지 이야기를 나눠보세요.
- 시험을 준비하는 ○○에게 하나님의 선한 인도하심이 있기를 바라며, 접착 종이에 가족의 응원 메시지를 적어보세요. 그리고 응원의 메시지가 적힌 종이를 ○○에게 선물해 주세요.

🏠 온 가족 기도 - 가족 모두

인도자 하나님, 지금까지 ○○를 지켜주시고 새로운 도약의 순간으로 인도해 주셔서 감사합니다.

가 족 지혜의 영으로 임하시는 성령님, ○○가 이 과정을 통해 하나님을 더 알아가도록 인도해 주세요.

인도자 우리 가정이 하나님의 부르심의 소망을 깨닫게 해주시고, 하나님께 영광 돌리는 삶을 살도록 함께해 주세요.

다 같이 우리 생각보다 더 큰 계획을 준비하고 계시는 예수님의 이름으로 기도합니다. 아멘.

기쁨이 넘치는 가정예배 1

수인이의 고등학교 입시가 있는 달

안녕하세요. 수인, 다예네 가정입니다.
11월은 큰아이 수인이의 고등학교 입학 전형이 있는 달인데요. 진학하려는 학교가 시스템과 입시 정책이 자주 바뀌는 학교라서 걱정 반 두려움 반으로 준비하고 있습니다. 그래서 가족이 다 함께 수인이의 입시를 위해 기도하는 가정예배를 드리기로 했어요.

- 날짜 : 11월, 매일 저녁 자기 전
- 예배 공간 만들기 : 성경, 십자가, 자녀 축복기도문, 감사 노트
- 예배 순서 담당 : 시작 기도 – 돌아가면서
  　　　　　　　마무리 기도 – 서로를 위한 중보 기도, 자녀 축복기도문
- 특별 순서 : 축복의 교제 – 포옹하며 "사랑해"라고 말하기

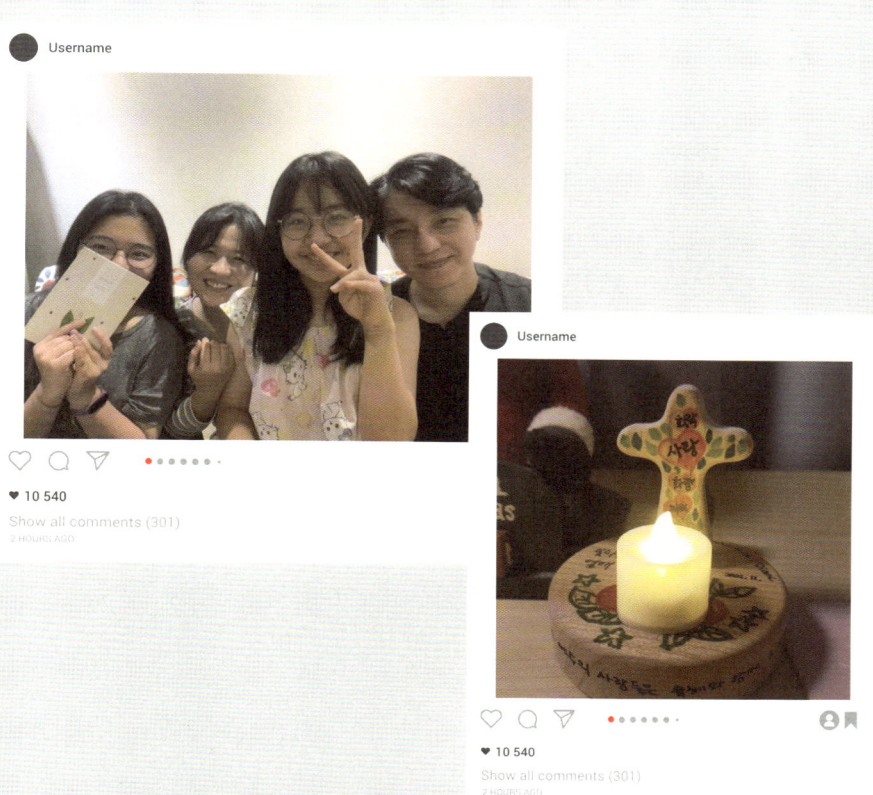

가정예배에 적극적인 두 딸(중학교 3학년, 초등학교 4학년)이 있어 참 감사합니다. 아이들이 자라면서 스스로 생각하고 판단하는 것들이 많아지고 있는데, 믿음 안에서 참 진리의 말씀이 삶의 기준이 되기를 바랍니다.

가정예배가 서로를 위해 기도하고 공감하는 시간을 넘어 말씀을 깊이 묵상하는 시간이 되길 바랍니다. 그리고 예배를 드리며 하나님 안에서 스스로 비전을 세워가기를 소망합니다.

Part 2

상황별 가정예배

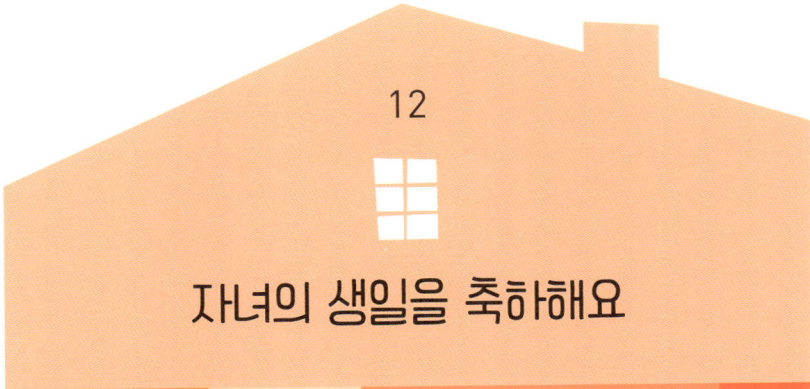

자녀의 생일을 축하해요

반복되는 생일이지만, 가족의 생일은 매년 특별하고 소중한 날입니다. 혹시 12월이 생일인데 1월부터 자신의 생일을 기다리는 귀여운 자녀를 키우고 계시진 않나요? 생일은 하나님의 자녀라는 사실을 가족이 함께 축하하며, 서로를 축복하는 날입니다. 이 소중하고 특별한 생일을 하나님과 보내보세요. 하나님께 사랑받는 자녀로 복을 누리는 '자녀의 생일 축하 가정예배'에 초대합니다.

_____년 _____월 _____일

🌸 가정예배 참석자 : _____

_____

🌸 가정예배 장소 : _____

🏠 예배 공간 만들기 - 가족 모두

1) 마음과 시간의 공간 만들기
가족이 가정예배를 드릴 마음과 시간의 공간을 준비할 수 있도록 미리 가정예배에 관한 이야기를 나눠주세요.

2) 일상의 공간을 예배드리는 공간으로 만들기
예배드리는 장소에 성경과 작은 십자가를 놓아주세요.
자녀에게 들려주고 싶은 찬양으로 예배 공간을 채워보세요.
자녀의 생일을 축하하는 케이크, 선물 등으로 예배 공간을 꾸며보세요.

🏠 예배의 부름 - 예배 인도자

우리 ○○를 창조하신 하나님, 이 시간 ○○의 N번째 생일을 맞이하여 가정예배를 드립니다. 우리 가족과 함께하시는 하나님의 사랑을 깊이 느끼는 시간이 되도록 인도해 주세요. 예수님의 이름으로 기도합니다. 아멘.

🏠 찬양 - 가족 모두

당신은 사랑받기 위해 태어난 사람

🏠 말씀 - 맡은 이

1) 성경 봉독

시편 71:5-6

5 주 여호와여 주는 나의 소망이시요 내가 어릴 때부터 신뢰한 이시라
6 내가 모태에서부터 주를 의지하였으며 나의 어머니의 배에서부터 주께서 나를 택하셨사오니 나는 항상 주를 찬송하리이다

2) 말씀

오늘은 하나님이 사랑하는 ○○에게 생명을 주신 복된 날입니다. '생일' 하면 무엇이 떠오르나요? 가장 먼저 선물이 생각납니다. 우리가 가지고 싶은 것을 받는 것도 중요하지만, 이미 받은 가장 귀한 선물이 있습니다. 바로 우리 가족입니다. 서로에게 이렇게 고백해 볼까요? "당신이 나에게 가장 귀한 선물입니다."

하나님은 우리가 어떤 삶을 살기 원하실까요? 오늘 시편을 쓴 사람의 고백처럼 "하나님은 나의 소망이십니다"라고 고백하는 자녀가 되길 바라십니다. 부모님의 아름다운 신앙이 자녀에게 흘러가서 자녀가 항상 주님을 찬송하고 경배하는 예배자로 성장하길 기다리십니다.

사랑하는 가족 여러분, 하나님은 놀라운 계획을 세우시고 우리를 이 땅에 보내셨습니다. 한 가정으로 불러주시고, 서로에게 기쁨이 되는 은혜를 주셨습니다. 우리는 하나님의 기쁨이요, 존귀한 자녀입니다. 오늘 ○○의 생일을 축하하며, 생명을 주신 하나님께 모든 감사와 찬송을 올려드립니다.

🏠 은혜 나누기 - 가족 모두

- "당신은 사랑받기 위해 태어난 사람" 찬양에 생일인 ○○의 이름을 넣어 부르며 ○○를 축복해 주세요.
- ○○의 어떤 모습에서 우리 가족에게 하나님이 주신 선물임을 발견하게 되는지 돌아가면서 이야기하고 ○○를 안아주세요.
- 매년 생일파티 가정예배를 사진으로 남겨보세요. 은혜가 가득한 추억 사진이 될 거예요.

🏠 온 가족 기도 - 가족 모두

인도자 하나님, 사랑하는 ○○를 이 땅에 존귀한 자녀로 보내주셔서 감사합니다.

가 족 우리 가정이 언제나 하나님의 존귀한 자녀임을 고백하도록 인도해 주세요.

인도자 자녀가 부모님의 신앙을 이어받아 더 멋진 믿음의 복을 받게 도와주세요.

다 같이 우리에게 생명을 주시고 복을 주시는 예수님의 이름으로 기도합니다. 아멘.

13
세례를 준비해요

믿음의 인생에서 가장 의미 있고 소중한 예식 중 하나는 세례식입니다. 세례는 우리가 하나님의 자녀임을 믿음으로 고백하고 교회 공동체로부터 교인으로 인정받는 날입니다. 온 가족이 자녀의 세례식을 기다리며 기도하는 시간을 보내고 계실 텐데요. 특별히 가족 모두가 모여 가정예배를 드리며 ○○의 세례식을 준비해 보세요. 예배로 준비한 세례식이 가족 구성원 모두가 평생 기억할 은혜의 사건이 될 것입니다.

_____년 _____월 _____일

🌸 **가정예배 참석자 :** _____

_____

🌸 **가정예배 장소 :** _____

🏠 예배 공간 만들기   - 가족 모두

1) 마음과 시간의 공간 만들기
가족이 가정예배를 드릴 마음과 시간의 공간을 준비할 수 있도록 미리 가정예배에 관한 이야기를 나눠주세요.

2) 일상의 공간을 예배드리는 공간으로 만들기
예배드리는 장소에 성경과 작은 십자가를 놓아주세요.
가족이 좋아하는 찬양으로 예배 공간을 채워보세요.
마태복음 3:17절 말씀에 자녀의 이름을 넣어 말씀 카드나 말씀 액자를 준비해 보세요.

🏠 예배의 부름   - 예배 인도자

우리 가족 모두를 사랑받는 자녀로 삼아주신 하나님, 이 시간 ○○의 세례식을 준비하며 가정예배를 드립니다. 이 예배를 통해 우리 ○○와 가족 모두에게 "나의 사랑하는 자녀"라고 말씀해 주시는 하나님을 깊이 만나도록 인도해 주세요. 예수님의 이름으로 기도합니다. 아멘.

🏠 찬양   - 가족 모두

하나님은 너를 지키시는 자

말씀 - 맡은 이

1) 성경 봉독
마태복음 3:16-17

16 예수께서 세례를 받으시고 곧 물에서 올라오실새 하늘이 열리고 하나님의 성령이 비둘기 같이 내려 자기 위에 임하심을 보시더니
17 하늘로부터 소리가 있어 말씀하시되 이는 내 사랑하는 아들이요 내 기뻐하는 자라 하시니라

2) 말씀

사랑하는 우리 ○○가 시절을 따라 세례를 받을 시기가 되었습니다. 지금까지 안전하고 건강하게 돌봐주신 하나님께 감사와 영광을 올려드립니다.

예수님도 본격적으로 사역을 시작하시기 전, 세례요한에게 세례를 받으셨습니다. 예수님이 세례를 받으실 때, 성령님이 임재하십니다. 그때 하나님이 말씀하십니다. "이는 내 사랑하는 아들이요 내 기뻐하는 자라."

하나님은 세례를 기다리는 ○○에게 말씀하십니다. "너는 내 사랑하는 자녀란다. 내가 너를 기뻐한단다." 세례는 예수님과 ○○가 연합되는 시간입니다. 우리 ○○가 예수님께 속하고, 예수님이 우리 ○○와 동행하시겠다는 약속입니다.

하나님은 세례를 통해 사랑하는 ○○가 부모의 소유가 아니라 하나님의 소유임을 깨닫길 원하십니다. ○○의 일생에 오직 하나님이 목자가 되어주셔서, 세밀하고 친밀하게 인도해 주실 것입니다. 오늘 세례를 받는 ○○를 하나님이 넓은 품에 안아주시길 간절히 소망합니다.

🏠 은혜 나누기 - 가족 모두

- 부모님이 가지고 있는 세례식 기억을 자녀에게 이야기해 주세요.
- ○○의 세례식을 준비하며 우리 가족만의 "to do list"(해야 할 일 목록)를 만들어보세요.
- 조부모님, 친척, 교회 성도들에게 ○○의 세례 소식을 나누며 기도를 부탁해 보세요.

🏠 온 가족 기도 - 가족 모두

인도자 하나님, 세례를 통해 사랑하는 ○○를 하나님의 소유된 백성으로 불러주시니 감사합니다.

가 족 우리 모두에게 "너는 내 사랑하는 자녀란다. 내가 너를 기뻐한단다"라고 말씀해 주시니 감사합니다.

인도자 우리 가정의 목자가 되어주셔서 우리를 푸른 초장과 쉴만한 물가로 인도해 주세요.

다 같이 우리에게 새 생명을 주시며, 우리 삶의 주인이신 예수님의 이름으로 기도합니다. 아멘.

14
새로운 집으로 이사를 왔어요

이번 이사는 결혼 후 몇 번째 이사인가요? 이사를 결정하고 준비할 때부터 갑자기 눈에 보이기 시작하는 수많은 부동산 중개소와 이삿짐센터 트럭들…. 각자의 형편과 상황 속에서 가족이 안전하고 편안하게 살 수 있는 새로운 집을 마련하기 위해 오랜 시간 기도하며 준비해 오셨죠? 오늘은 우리 가족이 이사한 이 집이 '하나님이 친히 마련해 주신 하나님의 집, 사랑의 집'이라고 고백하는 가정예배를 드립니다. 새로운 우리 집에서 하나님께 드리는 첫 번째 가정예배에 초대합니다.

_____년 _____월 _____일

🌸 가정예배 참석자 : _____

_____

🌸 가정예배 장소 : _____

🏠 예배 공간 만들기 - 가족 모두

1) 마음과 시간의 공간 만들기
가족이 가정예배를 드릴 마음과 시간의 공간을 준비할 수 있도록 미리 가정예배에 관한 이야기를 나눠주세요.

2) 일상의 공간을 예배드리는 공간으로 만들기
예배드리는 장소에 성경과 작은 십자가를 놓아주세요.
가족이 좋아하는 찬양으로 예배 공간을 채워보세요.

🏠 예배의 부름 - 예배 인도자

우리를 인도하시는 하나님, 오늘은 우리 가족이 이사를 하고 새로운 집에서 처음 하나님을 예배합니다. 오늘 예배를 통해 우리 가정이 하나님을 더욱 기쁘하게 해주시고, 우리 가정에 감사와 행복이 넘치도록 인도해 주세요. 예수님의 이름으로 기도합니다. 아멘.

🏠 찬양 - 가족 모두

사철에 봄바람 불어 잇고

🏠 말씀 - 맡은 이

1) 성경 봉독

창세기 12:2-3

² 내가 너로 큰 민족을 이루고 네게 복을 주어 네 이름을 창대하게 하리니 너는 복이 될지라

³ 너를 축복하는 자에게는 내가 복을 내리고 너를 저주하는 자에게는 내가 저주하리니 땅의 모든 족속이 너로 말미암아 복을 얻을 것이라 하신지라

2) 말씀

오늘은 하나님이 우리 가정을 새로운 보금자리로 인도하심에 감사하며 가정예배를 드립니다. 이사하면서 정들었던 친구들과 동네를 떠나는 것이 아쉬웠을 겁니다. 그리고 새로운 곳에 적응하려면 시간도 필요합니다.

오늘 말씀을 보면, 하나님은 믿음의 조상 아브라함을 새로운 곳으로 보내십니다. 이유가 무엇일까요? 하나님은 아브라함을 복의 통로로 사용하시는 놀라운 계획을 갖고 계셨습니다. 아브라함을 통해 만나는 사람과 그가 살고 있는 땅이 복을 받기를 원하셨습니다.

이처럼 우리를 새로운 곳으로 보내신 이유는 하나님의 뜻이 있기 때문입니다. 우리를 통해 이웃과 공동체가 복을 받게 하시기 위해서입니다. 우리 서로에게 이렇게 고백하겠습니다. "당신은 축복의 통로입니다."

하나님은 믿음의 가정을 주님의 날개 그늘 아래로 피하게 하십니다. 우리 가정을 보호하시고 인도하신다는 약속을 하십니다. 하나님은 우리 가정의 기쁘고 즐거운 일에 누구보다 기뻐하실 겁니다. 그리고 우리에게 도움이 필요할 때마다 우리를 꼭 안아주시고 위로해 주실 겁니다.

🏠 은혜 나누기 - 가족 모두

- 이사를 준비하고 새로운 집으로 이사하는 과정에서 느낀 하나님의 은혜를 나눠보세요.
- 새로운 집에서 앞으로 만나게 될 이웃과 친구들을 생각하며, 하나님이 복된 만남을 주시길 기대하며 기도해 보세요.
- 우리 가정이 믿음의 가정이라고 알리는 그림을 그리거나 글을 써서 집 현관문(혹은 안방과 자녀의 방문 앞)을 꾸며보세요.

🏠 온 가족 기도 - 가족 모두

인도자 우리 가정을 새로운 삶의 터전으로 인도해 주신 하나님께 감사합니다.
가 족 아브라함에게 주셨던 믿음의 복을 우리에게도 허락해 주세요.
인도자 우리 가정을 하나님의 복을 흘려보내는 축복의 통로로 사용해 주세요.
다 같이 우리 가정과 날마다 동행하시는 예수님의 이름으로 기도합니다. 아멘.

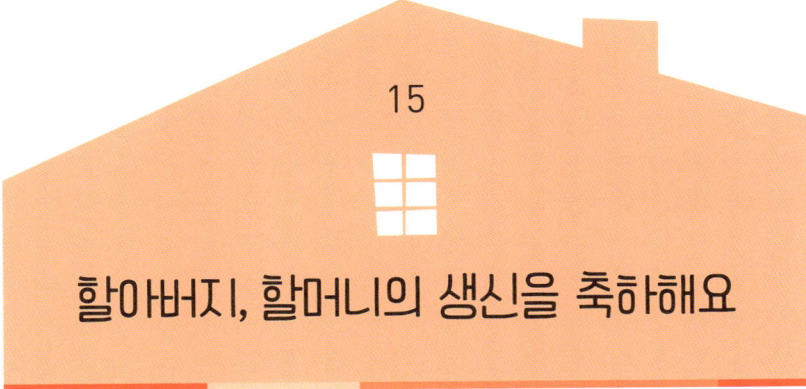

15
할아버지, 할머니의 생신을 축하해요

"사랑하는 할아버지, 할머니 생신 축하합니다!"
손자녀를 향한 조부모님의 사랑과 헌신은 한없이 크고 넓은 하나님의 사랑을 간접적으로 경험하게 합니다. 우리의 부모님이자 자녀의 조부모님 생신을 더욱 의미 있고 따뜻한 시간으로 보낼 수 있는 '조부모님 생신 축하 가정예배'를 드려보세요. 삼대가 모여 하나님을 예배하면, 그 어느 때보다 깊은 하나님의 사랑과 축복이 손자녀들을 통해 조부모님께 전달될 것입니다.

_____년 _____월 _____일

❋ 가정예배 참석자 : _____

_____

❋ 가정예배 장소 : _____

🏠 예배 공간 만들기 — 가족 모두

1) 마음과 시간의 공간 만들기
가족이 가정예배를 드릴 마음과 시간의 공간을 준비할 수 있도록 미리 가정예배에 관한 이야기를 나눠주세요.

2) 일상의 공간을 예배드리는 공간으로 만들기
예배드리는 장소에 성경과 작은 십자가를 놓아주세요.
조부모님이 좋아하는 찬양으로 예배 공간을 채워보세요.
조부모님의 생신을 축하하는 케이크, 편지 등으로 예배 공간을 꾸며보세요.

🏠 예배의 부름 — 예배 인도자

우리 가족을 사랑하시는 하나님, 이 시간 할아버지, 할머니의 생신을 축하하며 하나님께 예배드립니다. 하나님이 주시는 큰 사랑으로 행복한 예배 시간이 되도록 인도해 주세요. 예수님의 이름으로 기도합니다. 아멘.

🏠 찬양 — 가족 모두

좋으신 하나님 참 좋으신 나의 하나님

🏠 말씀 - 맡은 이

1) 성경 봉독
디모데후서 1:5
⁵ 이는 네 속에 거짓이 없는 믿음이 있음을 생각함이라 이 믿음은 먼저 네 외조모 로이스와 네 어머니 유니게 속에 있더니 네 속에도 있는 줄을 확신하노라

2) 말씀
우리는 누구를 닮았을까요? 가족의 얼굴을 서로 살펴볼까요? 아빠, 엄마를 닮았습니다. 자세히 보니 할아버지, 할머니를 닮기도 했습니다. 그런데 우리 가족 모두가 닮은 분이 있습니다. 바로 하나님 아버지입니다.

하나님은 우리를 이렇게 아름다운 가정으로 불러주셨습니다. 특별히 할아버지, 할머니의 삶을 지켜주시고 인도해 주셨습니다. 또한 믿음의 유산을 주셔서 온 가족이 하나님을 찬양할 수 있게 해주셨습니다.

디모데의 신실한 믿음은 외할머니 로이스와 어머니 유니게로부터 왔습니다. 디모데는 우상을 섬기는 환경에서 자랐지만, 할머니와 어머니를 통해 예수님을 믿는 견고한 믿음을 가질 수 있었습니다.

사랑하는 가족 여러분, 오늘은 할아버지, 할머니가 믿음의 유산을 물려주도록 인도하신 하나님께 감사하며 드리는 예배입니다. 하나님은 우리 가정의 주인이십니다. 하나님은 할아버지와 할머니의 건강을 지켜주시고, 할아버지 할머니와 사랑으로 동행하시며, 은혜를 주십니다. 온 가족이 고백해 봅시다.
"하나님 감사합니다! 할아버지, 할머니를 강건하게 인도해 주세요."

🏠 은혜 나누기 - 가족 모두

- 할아버지, 할머니의 모습에서 서로가 어떤 부분이 닮았는지 이야기를 나눠보세요.
- 사랑과 감사의 마음을 가득 담은 '사랑 쿠폰'을 할아버지, 할머니께 선물해 보세요. (예: 10분 안마 이용권, 뽀뽀, 심부름하기 등)
- 어떤 선물보다 가장 좋은 선물인 믿음을 물려주신 조부모님께 감사를 표현해 보세요.

🏠 온 가족 기도 - 가족 모두

인도자 하나님, 사랑하는 할아버지, 할머니와 함께 예배드리게 해주셔서 감사합니다.

가 족 우리가 믿음의 유산을 물려받는 은혜의 가정이 되게 해주세요.

인도자 할아버지, 할머니가 더욱 건강하게 기쁨의 삶을 살도록 인도해 주세요.

다 같이 우리 가정을 사랑하시고 복을 주시는 예수님의 이름으로 기도합니다. 아멘.

16
자녀가 아파요

예기치 못한 상황에서 사랑하는 자녀가 아플 때 부모는 자신이 아픈 것보다 더 큰 아픔을 느끼곤 합니다. 부모의 힘으로 자녀의 아픔을 해결할 수 없지만, 우리는 창조주이시자 치료자이신 하나님께 예배를 드릴 수 있습니다. 우리의 약함을 싸매어주시고 고쳐주시고 회복시켜주시는 치료자 하나님을 경험하는 가정예배, 자녀가 아플 때 드리는 가정예배에 초대합니다.

* 자녀의 컨디션에 따라 말씀과 기도의 순서만 진행하셔도 좋습니다.

_____년 _____월 _____일

🌸 가정예배 참석자 : _____

_____

🌸 가정예배 장소 : _____

🏠 예배 공간 만들기   — 가족 모두

1) 마음과 시간의 공간 만들기

가족이 가정예배를 드릴 마음과 시간의 공간을 준비할 수 있도록 미리 가정예배에 관한 이야기를 나눠주세요.

2) 일상의 공간을 예배드리는 공간으로 만들기

상황이 된다면 성경을 준비해 주세요.
자녀에게 힘이 될 수 있는 찬양을 들려주세요.

🏠 예배의 부름   — 예배 인도자

모든 아픔을 치료하시는 하나님, 우리 ○○가 아픈 지금, 온 가족이 함께 예배합니다. 우리 ○○의 몸과 마음이 회복되는 은혜의 시간이 되게 해주세요. 예수님의 이름으로 기도합니다. 아멘.

🏠 찬양   — 가족 모두

하나님은 너를 지키시는 자

 - 맡은 이

1) 성경 봉독
마가복음 5:41

⁴¹ 그 아이의 손을 잡고 이르시되 달리다굼 하시니 번역하면 곧 내가 네게 말하노니 소녀야 일어나라 하심이라

2) 말씀

예수님은 우리에게 어떤 분이실까요? 예수님은 우리가 아프고 지쳐 있을 때, 우리를 찾아오셔서 위로와 회복을 주는 분이십니다.

오늘 말씀에서 회당장인 소녀의 아버지는 예수님을 찾아왔습니다. 예수님만이 자신의 딸을 치유하실 수 있다고 믿었기 때문입니다. 아버지의 간절한 부탁을 들으신 예수님은 소녀의 집으로 직접 찾아오십니다. 그리고 소녀의 손을 붙잡고 말씀하십니다. "달리다굼, 소녀야 일어나라." 예수님의 이 명령으로 소녀는 일어나서 걷게 되었습니다. 모든 사람이 놀라는 회복의 사건이었습니다.

사랑하는 여러분, 예수님은 우리의 연약함을 불쌍히 여기시고 우리의 고통에 함께 아파하시는 분입니다. 예수님은 우리가 아플 때, 손을 내밀어 우리의 손을 꼭 잡아주십니다. 오늘도 사랑하는 ○○와 우리의 가정을 치료해 주십니다. 우리가 치료자이신 예수님을 신뢰할 때, 회복의 기쁨을 맛보게 되리라 믿습니다. 우리 ○○가 "달리다굼! 나의 자녀야! 일어나라!" 말씀해 주시는 하나님을 깊이 만나길 축복합니다.

🏠 은혜 나누기 – 가족 모두

- 부모님이 아이의 아픈 부위에 손을 얹고 고백해 주세요. "하나님이 만지시고 치료하십니다."
- 손을 얹은 채로 자녀의 귓가에 부모님의 고백으로 드리는 기도를 들려주세요.
- 과거에 하나님이 가족을 치료해 주신 경험을 자녀에게 이야기해 주세요.

🏠 온 가족 기도 – 가족 모두

*자녀의 상황에 따라 부모님이 기도문을 모두 읽어주세요.

인도자 예수님, 이 시간 ○○의 손을 잡아주시고 치유해 주세요.
가 족 우리의 연약함을 고치시고 회복시키는 주님을 신뢰합니다.
인도자 놀라운 회복을 경험하여 주님을 향한 사랑과 믿음이 더욱 커지도록 인도해 주세요.
다 같이 우리를 치유해 주시는 예수님의 이름으로 기도합니다. 아멘.

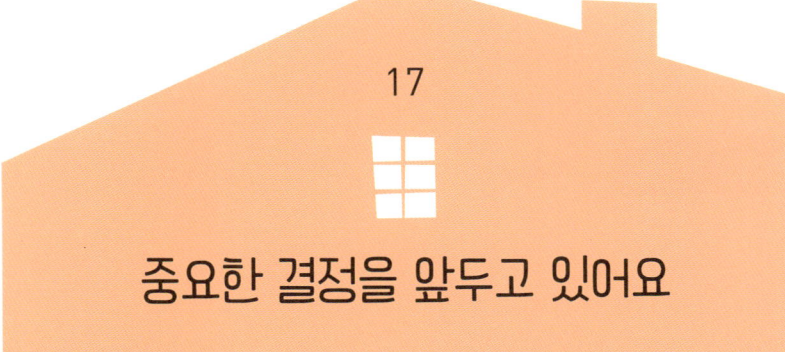

17
중요한 결정을 앞두고 있어요

우리는 삶에서 수많은 선택의 순간을 맞이합니다. 우리의 결정이 신중할 수밖에 없는 이유는 한 번의 결정으로 우리 가정에 펼쳐질 상황이 달라질 수 있기 때문입니다. 우리 가족은 인생의 크고 작은 문제를 어떤 기준으로 선택하고 있나요? 혹시 사람의 조언이나 사회적인 경험과 문화를 선택의 기준으로 삼고 있지는 않나요? 우리의 장래를 가장 잘 아시는 하나님께 온전한 신뢰를 고백하는 자리, 우리 가정의 가장 선한 이끄심을 간구하는 가정예배에 초대합니다.

_____ 년 _____ 월 _____ 일

🌸 가정예배 참석자 : _____

_____

🌸 가정예배 장소 : _____

🏠 예배 공간 만들기 － 가족 모두

1) 마음과 시간의 공간 만들기

가족이 가정예배를 드릴 마음과 시간의 공간을 준비할 수 있도록 미리 가정예배에 관한 이야기를 나눠주세요.

2) 일상의 공간을 예배드리는 공간으로 만들기

예배드리는 장소에 성경과 작은 십자가를 놓아주세요.
가족이 좋아하는 찬양으로 예배 공간을 채워보세요.

🏠 예배의 부름 － 예배 인도자

모든 상황보다 훨씬 크신 하나님, 이 시간 중요한 결정을 앞두고 온 가족이 모여 하나님을 예배합니다. 우리 가정을 선한 길로 인도해 주시는 주님을 신뢰하며, 마음과 생각이 안전함을 누리도록 인도해 주세요. 예수님의 이름으로 기도합니다. 아멘.

🏠 찬양 － 가족 모두

때로는 너의 앞에 어려움과 아픔 있지만

🏠 말씀 - 맡은 이

1) 성경 봉독
에베소서 1:11-12

¹¹ 모든 일을 그의 뜻의 결정대로 일하시는 이의 계획을 따라 우리가 예정을 입어 그 안에서 기업이 되었으니
¹² 이는 우리가 그리스도 안에서 전부터 바라던 그의 영광의 찬송이 되게 하려 하심이라

2) 말씀

사람은 매 순간 선택을 합니다. 무엇을 먹을지와 같은 작은 선택은 편하게 할 수 있습니다. 그러나 중요한 문제는 신중하게 여러 번 생각하고 결정합니다. 하나님은 우리 가정을 향한 놀라운 계획을 가지고 계십니다. 우리가 하나님을 믿게 된 것도 주님의 선택과 계획이었고, 지금까지 인도하신 것도 하나님의 뜻이었습니다.

중요한 결정을 앞두고 꼭 해야 할 결단이 있습니다. 하나님이 언제나 우리 가정과 동행하심을 믿는 것입니다. 가장 선하고 좋은 길로 우리를 인도하시리라 신뢰하는 것입니다.

오늘 본문은 하나님의 놀라운 계획에 따라 우리를 인도하시는 이유를 알려줍니다. 우리가 하나님께 영광을 돌리며 찬송을 드리는 삶을 살기 원하시기 때문입니다. 하나님은 우리에게 영광 받으시기 위해 좋은 것을 예비해 두셨습니다.

사랑하는 여러분, 하나님이 우리 가정을 선하고 좋은 길로 인도해 주실 것입니다. 우리 모두 결국 하나님께 영광과 찬송을 올려드리게 될 것입니다. 온 가족이 저를 따라 고백하겠습니다. "하나님, 선한 길로 인도해 주세요. 주님만을 신뢰합니다!"

🏠 은혜 나누기 - 가족 모두

- 중요한 결정을 위해 우리 가족의 기도 시간을 정해 봅시다. 아침 1분 기도, 저녁 3분 기도, 가족 채팅방 기도 등 어느 시간, 어떠한 방식이라도 좋습니다.
- 올 한 해 우리 가족 구성원이 해야 할 중요한 결정에 어떤 것이 있는지 이야기를 나눠보고, 달력이나 메모장에 기록한 뒤 함께 기도해 보세요.

🏠 온 가족 기도 - 가족 모두

인도자 하나님, 우리 가정을 위해 놀라운 일을 준비하고 계심을 믿으며 감사합니다.
가 족 우리 가정이 중요한 결정을 앞두고 있는데, 하나님께 더욱 기도하도록 인도해 주세요.
인도자 우리의 결정이 하나님께 영광을 드리는 찬송이 되게 해주세요.
다 같이 선한 일을 예비하시는 예수님의 이름으로 기도합니다. 아멘.

18
가정예배를 새롭게 시작해요

가정예배를 꾸준히 드리겠다고 다짐한 지 얼마 되지 않은 것 같은데, 어느 순간 우리 집 가정예배가 흐지부지되지 않았나요? 가정예배를 꾸준히 드리기가 참 쉽지 않습니다. 그러나 아직 가정예배를 드리고자 하는 마음이 있다면, 가족 구성원 모두가 참여하기 어렵더라도 2명 혹은 3명이라도 모여서 가정예배를 드려보세요. 새로운 마음으로 다시 예배를 드리는 가정을 응원합니다. 바로 오늘, 가정예배를 다시 시작해 보세요!

_____년 _____월 _____일

❋ 가정예배 참석자 : _____

_____

❋ 가정예배 장소 : _____

🏠 예배 공간 만들기 — 가족 모두

1) 마음과 시간의 공간 만들기

가족이 가정예배를 드릴 마음과 시간의 공간을 준비할 수 있도록 미리 가정예배에 관한 이야기를 나눠주세요.

2) 일상의 공간을 예배드리는 공간으로 만들기

예배드리는 장소에 성경과 작은 십자가를 놓아주세요.
가족이 좋아하는 찬양으로 예배 공간을 채워보세요.

🏠 예배의 부름 — 예배 인도자

우리가 예배하기에 합당하신 하나님, 이 시간 우리 가족이 새로운 마음으로 가정예배를 드립니다. 따스한 성령님, 우리 가족 모두의 마음에 함께해 주셔서 회복의 기쁨이 넘치게 해주세요. 예수님의 이름으로 기도합니다. 아멘.

🏠 찬양 — 가족 모두

날마다 숨 쉬는 순간마다 내 앞에 어려운 일 보네

말씀 - 맡은 이

1) 성경 봉독

시편 61:3-5

3 주는 나의 피난처시요 원수를 피하는 견고한 망대이심이니이다
4 내가 영원히 주의 장막에 머물며 내가 주의 날개 아래로 피하리이다 (셀라)
5 주 하나님이여 주께서 나의 서원을 들으시고 주의 이름을 경외하는 자가 얻을 기업을 내게 주셨나이다

2) 말씀

사람은 사랑하는 대상을 자주 떠올리게 됩니다. 여러분은 오늘 하루 누구를, 또 무엇을 가장 많이 생각했나요? 성경 말씀은 우리를 향한 하나님의 사랑 고백으로 가득 채워져 있습니다. 세상을 창조하신 것도, 하나님을 닮은 형상으로 우리를 만드신 것도, 예수님을 이 땅에 보내주신 것도 하나님의 사랑 표현입니다.

오늘 말씀은 하나님을 참 많이 사랑했던 다윗의 고백입니다. 다윗은 하나님이 자신의 피난처이시고, 견고한 망대이심을 찬양합니다. 다윗이 어려움을 겪을 때도, 광야(사막)에 홀로 있을 때도 언제나 하나님은 다윗의 피난처이셨습니다.

그리고 다윗의 소원이 있었습니다. 시편 61편 4절의 말씀을 함께 읽겠습니다. "내가 영원히 주의 장막에 머물며 내가 주의 날개 아래로 피하리이다." 하나님을 사랑했던 다윗은 하나님과 평생 동행하며, 주님을 만나는 것을 최고의 기쁨으로 여겼습니다.

사랑하는 여러분, 우리 가정은 주님을 사랑하는 가정입니다. 우리 가정이 주님을 경외하며 하나님이 준비하신 큰 은혜를 얻는 믿음의 가정이 되기를 축복합니다.

🏠 은혜 나누기 - 가족 모두

- 가정예배를 다시 드리기 시작하니 어떤 마음과 생각이 드는지 이야기를 나눠보세요.
- 꾸준히 가정예배를 드리기 위해 하나님이 도와주시길 바라는 내용을 이야기해 보세요.
- 가정예배 인증 사진을 찍어서 SNS에 업로드하거나, 프로필 사진으로 설정해서 가정예배 기쁨을 나눠보세요.

🏠 온 가족 기도 - 가족 모두

인도자 하나님, 우리의 피난처가 되어주시고 주의 날개 아래에 품어 주시니 감사합니다.

가 족 우리 가정이 하나님을 사랑하고 예배하며, 하나님의 은혜를 사모하는 가정이 되게 해주세요.

인도자 평생 주님과 동행함으로 하나님이 주시는 기업을 얻는 영광을 허락해 주세요.

다 같이 우리의 견고한 망대와 피할 바위이신 예수님의 이름으로 기도합니다. 아멘.

기쁨이 넘치는 가정예배 2

분홍반 희원이의 격리 생활

안녕하세요. 7살 희원이네 가정입니다.
얼마 전 희원이가 다니는 유치원에서 분홍반 어린이가 코로나 확진 판정을 받았습니다. 그래서 분홍반 친구들과 가족이 모두 코로나 검사를 하고 등원하지 못하는 시기를 보냈습니다. 우리 가족은 이 시기에 '모두 함께 사는 힘'이라는 주제를 가지고 가정예배를 드렸습니다.

- 날짜 : 자가격리를 하던 겨울의 어느 날
- 예배 공간 만들기 : 성경, 희원이와 아빠가 만든 십자가, 분홍 꽃, "부르신 곳에서" 찬양
- 예배 순서 담당 : 인도자 – 엄마, 말씀 – 아빠, 기도 – 희원
- 특별 순서 : 유치원 분홍반 친구들을 위한 기도

분홍반 친구들을 생각하며 동네 꽃집에서 분홍색 꽃을 사 와서 식탁에 준비했어요. 꽃 옆에는 희원이가 아빠와 함께 사포질하고, 사인펜으로 꾸민 십자가를 세워 두었고, "부르신 곳에서"라는 찬양으로 예배 공간을 만들었습니다. 이렇게 꾸미니 더 따뜻하고 거룩한 예배 공간으로 느껴졌습니다.

그리고 희원이가 "하나님, 충신 유치원 분홍반 친구들이 더욱 즐겁게 유치원에 다닐 수 있게 도와주세요"라고 기도했습니다. 세 식구가 드린 가정예배였지만 분홍반 친구들과 다 함께 예배드리는 것처럼 느껴지는 행복하고 풍성한 가정예배였습니다.

Part 3

테마별 가정예배

19
첫눈이 아름답게 내려요

"와, 첫눈이다!"
하늘에서 하얗게 날리는 첫눈을 보며, 첫눈을 같이 보고 싶고 함께 만지고 싶은 가족의 얼굴이 떠오르지 않았나요? 첫눈이 내린 오늘, 설레는 마음으로 가족과 함께 가정예배를 드려보세요. 또한 본격적인 겨울의 시작을 알리는 첫눈이 내린 날, 한 해를 마무리하면서 하나님께 영광 돌리는 가정예배를 드려보세요. 첫눈이 내리는 날 드리는 가정예배에 초대합니다.

_____ 년 _____ 월 _____ 일

🌸 가정예배 참석자 : _____
　　　　　　　　　　_____

🌸 가정예배 장소 : _____

🏠 예배 공간 만들기 — 가족 모두

1) 마음과 시간의 공간 만들기

가족이 가정예배를 드릴 마음과 시간의 공간을 준비할 수 있도록 미리 가정예배에 관한 이야기를 나눠주세요.

2) 일상의 공간을 예배드리는 공간으로 만들기

예배드리는 장소에 성경과 작은 십자가를 놓아주세요.
가족이 좋아하는 찬양으로 예배 공간을 채워보세요.

🏠 예배의 부름 — 예배 인도자

새하얀 눈을 내려주신 창조주 하나님, 이번 겨울의 첫눈이 내린 오늘 우리 가족이 모여 하나님을 예배합니다. 성령님, 이 시간 우리의 마음과 시선이 온전히 하나님께 향하도록 인도해 주세요. 예수님의 이름으로 기도합니다. 아멘.

🏠 찬양 — 가족 모두

당신은 하나님의 언약 안에 있는 축복의 통로

말씀 - 맡은 이

1) 성경 봉독
창세기 1:14

¹⁴ 하나님이 이르시되 하늘의 궁창에 광명체들이 있어 낮과 밤을 나뉘게 하고 그것들로 징조와 계절과 날과 해를 이루게 하라

2) 말씀

하늘에서 내리는 하얀 눈을 보면서 어떤 생각을 했나요? 온 세상이 하얗게 물든 것처럼 우리의 마음과 생각도 깨끗해지길 소망합니다.

하나님은 천지를 창조하실 때, 다양한 요소들을 만들어 주셨습니다. 그중 계절의 복을 우리에게 주셨습니다. 계절은 하나님의 놀라운 선물입니다. 봄에는 새로운 나무와 꽃들이 피고, 여름에는 나무가 푸릇푸릇하게 자라고, 가을에는 곡식이 익고, 겨울에는 익은 곡식을 저장하고 다음 해를 준비합니다. 우리는 계절이 바뀔 때마다 '하나님이 창조하신 세상이 참 아름답다'라는 생각을 하게 됩니다.

겨울은 우리의 신앙이 더 성숙해지고 깊어져 가는 계절입니다. 예수님의 탄생을 기다리며, 예수님께 우리의 사랑을 담아 드리는 때입니다. 또한 한 해를 마무리하며 하나님께 감사를 고백하는 계절입니다.

사랑하는 여러분, 아름다운 겨울을 주신 하나님께 감사하길 바랍니다. 그리고 우리의 삶도 흰 눈처럼 정결하게 되기를 축복합니다.

🏠 은혜 나누기 - 가족 모두

- 첫눈이 내릴 때 가족과 하고 싶은 일이 무엇이었는지 이야기해 보세요.
- 한 해를 마무리하는 겨울입니다. 올 한 해의 감사 제목, 또는 소망의 제목들을 나눠보세요.

🏠 온 가족 기도 - 가족 모두

인도자 하나님, 계절을 만들어 주시고 때를 따라 자연의 신비를 허락해 주셔서 감사합니다.

가 족 이 계절에 하나님을 향한 우리의 마음이 더 성숙해지도록 인도해 주세요.

인도자 올 한 해 하나님이 주신 감사의 제목을 발견하는 믿음과 흰 눈처럼 정결한 마음을 허락해 주세요.

다 같이 십자가의 보혈로 우리의 죄를 깨끗하게 해주시는 예수님의 이름으로 기도합니다. 아멘.

20 자녀가 처음으로 두발자전거를 탔어요

사랑스러운 자녀의 "처음 순간"들은 부모에게 참 신기하고 특별하게 다가옵니다. 처음 스스로 앉은 날, 처음 이유식을 먹은 날, 처음 걸음마를 한 날, 처음 '아빠', '엄마'를 말한 날 등. 특별히 오늘은 자녀가 처음으로 두발자전거를 탄 날을 축하하며 가정예배를 드려보세요. 부모의 도움 없이 스스로 해야 하는 일이 점점 많아지는 자녀의 앞날을 축복하는 가정예배에 초대합니다.

_____년 _____월 _____일

 가정예배 참석자 : _____

_____

 가정예배 장소 : _____

🏠 예배 공간 만들기 － 가족 모두

1) 마음과 시간의 공간 만들기

가족이 가정예배를 드릴 마음과 시간의 공간을 준비할 수 있도록 미리 가정예배에 관한 이야기를 나눠주세요.

2) 일상의 공간을 예배드리는 공간으로 만들기

예배드리는 장소에 성경과 작은 십자가를 놓아주세요.
가족이 좋아하는 찬양으로 예배 공간을 채워보세요.

🏠 예배의 부름 － 예배 인도자

언제나 우리와 함께하시는 하나님, 우리 ○○가 멋지게 자전거를 타게 해주셔서 감사합니다. 이 시간 우리에게 힘을 주시는 하나님과 언제나 우리와 함께하시는 예수님을 만나는 예배가 되도록 인도해 주세요. 예수님의 이름으로 기도합니다. 아멘.

🏠 찬양 － 가족 모두

야곱의 축복 (너는 담장 너머로 뻗은 나무)

말씀 - 맡은 이

1) 성경 봉독
하박국 3:19
¹⁹ 주 여호와는 나의 힘이시라 나의 발을 사슴과 같게 하사 나를 나의 높은 곳으로 다니게 하시리로다 이 노래는 지휘하는 사람을 위하여 내 수금에 맞춘 것이니라

2) 말씀
하나님이 ○○의 키를 크게 해주시고 튼튼히 자라게 해주시고, 이렇게 멋지게 자전거를 탈 수 있도록 인도해 주셨습니다. 오늘 하나님은 우리에게 세 가지 약속을 해주십니다.

첫 번째는 우리의 힘이 되신다는 약속입니다. 어디를 가든지 무엇을 하든지 우리를 지키시고 보호하시겠다고 말씀하십니다. 우리 가족이 함께 큰 목소리로 고백해 볼까요? "하나님은 우리의 힘이 되십니다!" 특별히 오늘 두발자전거를 처음 탄 ○○를 축복하겠습니다. "하나님이 ○○의 힘이 되십니다."

두 번째 약속은 하나님이 ○○의 발걸음을 사슴처럼 가볍게 하시겠다는 약속입니다. 하나님이 우리와 함께하시고 언제나 동행하십니다. 하나님이 함께하시면 우리는 사슴이 사뿐사뿐 걷는 것처럼 행복하고 든든합니다.

세 번째 약속은 높은 곳을 다니게 하신다는 약속입니다. 높은 곳에 올라가면 멀리 볼 수 있습니다. 모든 것을 아시는 하나님이 우리가 더 좋은 생각과 마음으로 우리 앞에 있는 일을 결정할 수 있도록 인도해 주십니다.

사랑하는 여러분, 우리 가정의 가장 큰 힘이 되시는 하나님을 더 사랑하며 찬양하기를 축복합니다.

🏠 은혜 나누기 – 가족 모두

- 처음 혼자 자전거를 탄 ○○는 어떤 기분인가요? 부모님은 그런 ○○를 보면서 어떤 마음이 들었는지 자녀에게 이야기해 주세요.
- 부모님이 자녀의 발을 꼭 잡고 축복해 주세요. "○○의 모든 걸음에 주님이 동행해 주세요."

🏠 온 가족 기도 – 가족 모두

인도자 하나님, 우리의 가장 큰 힘이 되어주셔서 감사합니다.
가 족 우리가 어디를 가든지 지켜주시고 보호해 주셔서 감사합니다.
인도자 ○○에게 언제나 사슴처럼 가벼운 발걸음을 허락해 주세요.
다 같이 우리 가정의 갈 길을 인도하시는 예수님의 이름으로 기도합니다. 아멘.

야외에 나왔어요! 자연과 함께해요

야외에서 가정예배를 드려보셨나요? 이번 가정예배는 사랑하는 가족과 야외에서 즐거운 시간을 보낼 때 드릴 수 있는 가정예배입니다. 가족과 편안한 시간을 보내며 캠핑장에서, 바닷가에서, 공기 좋은 휴양림에서 예배를 드릴 수 있습니다. 탁 트인 자연 속에서 하나님의 창조 작품들을 감상하며 사랑하는 가족과 도란도란 가정예배를 드려보세요.

_____년 _____월 _____일

🌸 가정예배 참석자 : _____

_____

🌸 가정예배 장소 : _____

🏠 예배 공간 만들기 - 가족 모두

1) 마음과 시간의 공간 만들기

가족이 가정예배를 드릴 마음과 시간의 공간을 준비할 수 있도록 미리 가정예배에 관한 이야기를 나눠주세요.

2) 일상의 공간을 예배드리는 공간으로 만들기

예배드리는 장소에 성경과 작은 십자가를 놓아주세요.
가족이 좋아하는 찬양으로 예배 공간을 채워보세요.
나뭇가지와 나뭇잎으로 십자가를 만들어 하나님의 사랑과 은혜를 표현해 보세요.

🏠 예배의 부름 - 예배 인도자

우리에게 참된 안식을 주시는 하나님, 야외에서 하나님의 작품들을 보며 하루를 보내게 해주시고, 이렇게 하나님을 예배하게 해주셔서 감사합니다. 이 시간 우리 가족의 마음에 찾아와주시고 기쁨으로 예배할 수 있도록 도와주세요. 예수님의 이름으로 기도합니다. 아멘.

🏠 찬양 - 가족 모두

사랑의 주님이 날 사랑하시네 내 모습 이대로 받으셨네

말씀 - 맡은 이

1) 성경 봉독

전도서 3:11

¹¹ 하나님이 모든 것을 지으시되 때를 따라 아름답게 하셨고 또 사람들에게는 영원을 사모하는 마음을 주셨느니라 그러나 하나님이 하시는 일의 시종을 사람으로 측량할 수 없게 하셨도다

2) 말씀

산들산들 불어오는 바람과 아름답게 펼쳐진 자연을 보면, 하나님을 향한 찬양의 고백이 저절로 나옵니다. 우리 가정에 참된 안식을 주신 하나님께 감사를 드립니다.

오늘 본문에서 하나님은 때를 따라 모든 것을 아름답게 지으셨다고 말합니다. 자연에 나오니 우리의 마음과 생각이 새로워짐을 느낍니다. 우리 입술에 감사가 더 많아지고 기쁨의 고백이 더 많아졌습니다. 하나님은 인간을 지으실 때, 하나님을 느낄 수 있도록 만들어 주셨습니다. 이렇게 자연을 바라볼 때, 우리는 하나님을 가장 잘 깨달을 수 있습니다.

우리 함께 눈을 감고 숨을 깊게 들이쉬며, 마음속으로 "하나님"을 외쳐볼까요? (잠깐 시간이 흐른 뒤) 또 숨을 내쉬면서 "감사합니다"를 고백해 보겠습니다. 또한 이 시간 서로의 손을 잡고 고백해 봅시다. "당신이 있어서 행복합니다." 마지막으로 온 가족이 함께 고백하겠습니다. "하나님과 함께라서 정말 행복합니다."

🏠 은혜 나누기 - 가족 모두

- 오늘 자연 속에서 가족과 함께 지내면서 아름답다고 생각한 하나님 작품을 이야기해 보세요.
- 야외에서 가정예배를 드리니 좋은 점을 이야기해 보세요.
- 다음에 또 어떤 특별한 곳에서 가정예배를 드리고 싶은지 이야기를 나눠 보세요.

🏠 온 가족 기도 - 가족 모두

인도자 하나님이 만드신 아름다운 자연과 함께 예배드리게 하심에 감사합니다.

가 족 우리의 입술에 하나님을 향한 감사와 찬양이 넘치게 하심도 감사합니다.

인도자 오늘 드리는 예배가 주님의 사랑을 꺼내어 보는 신앙의 추억으로 평생 기억되게 해주세요.

다 같이 우리에게 아름다운 자연을 선물로 주신 예수님의 이름으로 기도합니다. 아멘.

22

환경을 사랑하고 보호해요

'황사, 이상 기온, 미세 먼지, 미세 플라스틱….'
환경오염과 관련된 이 단어들은 우리 가족의 일상에 큰 영향을 끼치고 있습니다. 특히 부모님들은 환경오염에 관한 문제들로부터 자녀들을 보호하고 싶어 합니다. 우리가 살아가는 세계, 우리 자녀들이 살아갈 세계를 위해 하나님께 예배를 드려보세요. 이 세상을 우리에게 맡기신 하나님의 마음과 생각을 느끼는 자리, 우리 가족을 축복과 회복의 통로로 사용해 달라는 고백을 드리는 자리, 환경을 생각하며 드리는 가정예배에 초대합니다.

_____년 _____월 _____일

🌸 가정예배 참석자 : _____

_____

🌸 가정예배 장소 : _____

🏠 예배 공간 만들기 — 가족 모두

1) 마음과 시간의 공간 만들기
가족이 가정예배를 드릴 마음과 시간의 공간을 준비할 수 있도록 미리 가정예배에 관한 이야기를 나눠주세요.

2) 일상의 공간을 예배드리는 공간으로 만들기
예배드리는 장소에 성경과 작은 십자가를 놓아주세요.
가족이 좋아하는 찬양으로 예배 공간을 채워보세요.

🏠 예배의 부름 — 예배 인도자

세상을 창조하신 하나님, 우리 가족이 창조주 하나님의 마음과 시선을 바라보는 예배를 드리게 해주셔서 감사합니다. 이 시간 사람과 자연을 향한 하나님의 깊은 사랑을 깨달을 수 있도록 인도해 주세요. 예수님의 이름으로 기도합니다. 아멘.

🏠 찬양 — 가족 모두

하나님께서 당신을 통해 메마른 땅에 샘물 나게 하시기를

 - 맡은 이

1) 성경 봉독
창세기 1:31

31 하나님이 지으신 그 모든 것을 보시니 보시기에 심히 좋았더라 저녁이 되고 아침이 되니 이는 여섯째 날이니라

2) 말씀

하나님이 이 세상을 창조하실 때의 모습은 어땠을까요? 창세기를 보면, 하나님이 세상을 만드시고 "심히 좋았다"라고 말씀하십니다. 하나님은 창조하신 세상을 보시며 심히 기뻐하셨습니다.

그런데 지금 하나님이 만드신 세상은 어떤 모습일까요? 환경오염으로 인한 지구 온난화는 많은 동물을 멸종시키며 인간에게도 큰 피해를 주고 있습니다. 하나님이 우리가 살아가는 세상을 보시며, "심히 좋다"라고 말씀하실 수 있을까요?

우리 가정부터 하나님의 창조 세계를 회복하기 위한 결단을 해야 합니다. 우리의 가정이 실천할 수 있는 구체적인 방법은 무엇이 있을까요? 일회용품 사용을 줄이고 다회용 그릇을 써야 합니다. 낭비를 줄이고 필요한 만큼만 사용하며, 절제해야 합니다. 우리의 작은 실천을 통해 사람과 자연이 더불어 살아가는 깨끗한 지구가 되길 꿈꿔봅니다. 하나님이 기뻐하셨던 심히 좋은 창조의 모습이 조금씩 회복되기를 간절히 소망합니다.

🏠 은혜 나누기 - 가족 모두

- "심히 좋았더라"라는 감탄이 나오는 하나님의 창조 작품 중 하나를 고르고 그 이유를 이야기해 보세요.
- 창조 세계를 회복하기 위해 우리 가족이 할 수 있는 실천에 무엇이 있을지 이야기를 나눠보고 도전해 보세요.

🏠 온 가족 기도 - 가족 모두

인도자 온 세상을 창조하시고 "심히 좋았더라" 말씀하신 하나님께 감사와 찬양을 드립니다.

가 족 우리 가정이 창조 질서 회복에 동참하는 믿음의 결단을 드리오니 받아주세요.

인도자 필요한 것과 불필요한 것을 구별할 수 있는 지혜와 절제하고 절약하는 마음을 주세요.

다 같이 지구를 지키는 청지기로 우리를 불러주신 예수님의 이름으로 기도합니다. 아멘.

23
휴가지에서 쉼을 누려요

분주한 일상을 뒤로하고 맞이한 가족 휴가!
맛있는 음식을 먹고, 즐거운 놀이를 하며 가족 간의 친밀한 교제를 나누는 행복한 시간입니다. 이렇게 우리의 몸과 마음이 쉼을 얻는 행복한 휴가 중에 특별한 가정예배를 드려보세요. 몸과 마음뿐만 아니라 우리의 영혼도 하나님이 주시는 쉼을 누리게 될 것입니다. 하나님의 날개 아래에서 보호하심과 친밀하심의 은혜를 풍성히 경험하는 '휴가 중에 드리는 가정예배'에 초대합니다.

_____년 _____월 _____일

❋ 가정예배 참석자 : _____

_____

❋ 가정예배 장소 : _____

🏠 예배 공간 만들기 – 가족 모두

1) 마음과 시간의 공간 만들기

가족이 가정예배를 드릴 마음과 시간의 공간을 준비할 수 있도록 미리 가정예배에 관한 이야기를 나눠주세요.

2) 일상의 공간을 예배드리는 공간으로 만들기

예배드리는 장소에 성경과 작은 십자가를 놓아주세요.
가족이 좋아하는 찬양으로 예배 공간을 채워보세요.

🏠 예배의 부름 – 예배 인도자

우리를 회복시키시는 하나님, 우리 가족에게 휴가를 선물해 주시고, 휴가 중에도 하나님을 예배하는 가정이 되게 해주셔서 감사합니다. 이 시간 우리에게 기쁨과 쉼을 주시는 하나님을 만나 몸과 마음과 영혼이 새로워지게 인도해 주세요. 예수님의 이름으로 기도합니다. 아멘.

🏠 찬양 – 가족 모두

찬송가 89장   샤론의 꽃 예수 1절

말씀 - 맡은 이

1) 성경 봉독

요한복음 14:27

27 평안을 너희에게 끼치노니 곧 나의 평안을 너희에게 주노라 내가 너희에게 주는 것은 세상이 주는 것과 같지 아니하니라 너희는 마음에 근심하지도 말고 두려워하지도 말라

2) 말씀

하나님이 우리 가정을 사랑하셔서 회복의 시간을 허락해 주셨습니다. 하나님은 쉼을 참 중요하게 생각하셨습니다. 하나님은 이 세상을 창조하시고 일곱째 날에 안식을 가지셨습니다. 사실 전능하신 하나님은 쉼이 필요 없으신 분입니다. 하지만 하나님은 인간과 피조물을 사랑하시고, 우리가 온전히 쉴 수 있도록 안식일을 만드셨습니다.

오늘 본문은 예수님이 우리에게 참된 평안과 안식을 주는 분이라고 말합니다. 우리가 공부하고, 직장을 다니면서 쌓였던 피로와 스트레스가 있다면 그것을 잘 해결하길 원하십니다. 평안, 곧 '샬롬'은 예수님이 우리에게 원하시는 삶입니다.

오늘 우리 가정이 이렇게 휴가지에 와서 가정예배를 드리는 것은 참 감사한 일입니다. 우리를 쉬게 하시고 회복을 주시는 분이 주님이심을 고백하는 사건입니다. 사랑하는 여러분, 예수님이 우리에게 참된 평안과 회복을 주십니다. 그 은혜를 누리는 우리 가정이 되기를 축복합니다.

🏠 은혜 나누기 — 가족 모두

- 이번 휴가 기간에 깨달은 감사 제목을 이야기해 보세요.
- 남은 휴가 기간과 다시 일상으로 돌아가는 앞으로의 삶을 위한 가족의 기도 제목을 나눠보세요.
- 온 가족의 얼굴이 나오게 사진을 찍어보세요. "김치" 대신 "샬롬"이라고 외치며 사진을 찍어보세요.

🏠 온 가족 기도 — 가족 모두

인도자 안식과 평안을 허락하시는 하나님 아버지, 우리에게 쉼을 주셔서 감사합니다.

가　족 이 시간 온 가족이 참된 평안을 주시는 예수님께 나아가도록 인도해 주세요.

인도자 우리 안에 있던 무거운 짐과 생각들이 예수님의 이름으로 가벼워지게 도와주세요.

다 같이 참된 회복을 주시는 예수님의 이름으로 기도합니다. 아멘.

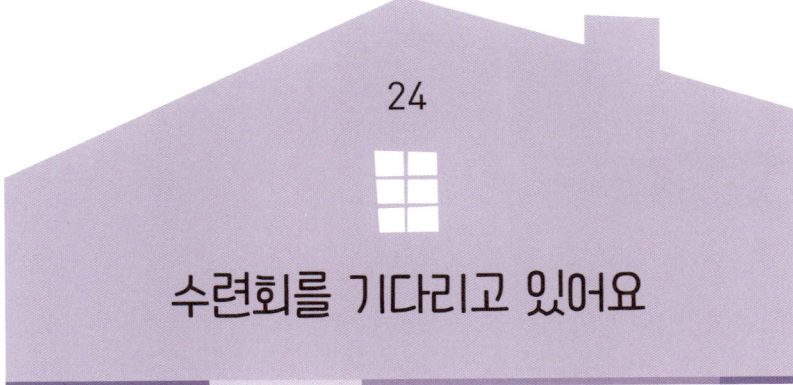

24 수련회를 기다리고 있어요

곧 다가오는 교회학교 수련회!
우리 가정은 어떤 마음으로 수련회(성경학교)를 기다리고 있나요? 바쁜 학업 생활을 뒤로하고 참여하는 교회학교 수련회(성경학교)에서 믿음이 성장하고 하나님을 인격적으로 만나기를 기대하고 있을 겁니다. 믿음이 성장하길 기대하며 수련회를 기다리는 마음을 하나님께 올려드리는 가정예배에 초대합니다.

_____년 _____월 _____일

❋ **가정예배 참석자 :** _____

_____

❋ **가정예배 장소 :** _____

🏠 예배 공간 만들기 - 가족 모두

1) 마음과 시간의 공간 만들기

가족이 가정예배를 드릴 마음과 시간의 공간을 준비할 수 있도록 미리 가정예배에 관한 이야기를 나눠주세요.

2) 일상의 공간을 예배드리는 공간으로 만들기

예배드리는 장소에 성경과 작은 십자가를 놓아주세요.
수련회(성경학교)에 가는 자녀가 좋아하는 찬양으로 예배 공간을 채워보세요.

🏠 예배의 부름 - 예배 인도자

우리를 항상 돌봐주시는 사랑의 하나님, ○○의 수련회(성경학교)를 기다리며 우리 가족이 다 함께 하나님을 예배하게 해주셔서 감사합니다. 이 시간 우리 가족 모두의 마음에 깊이 찾아와주세요. 예수님의 이름으로 기도합니다. 아멘.

🏠 찬양 - 가족 모두

하나님은 너를 지키시는 자

말씀 - 맡은 이

1) 성경 봉독

에스겔 34:26

²⁶ 내가 그들에게 복을 내리고 내 산 사방에 복을 내리며 때를 따라 소낙비를 내리되 복된 소낙비를 내리리라

2) 말씀

하나님이 우리 자녀에게 수련회(성경학교)를 허락해 주셨습니다. 수련회는 우리 ○○가 예수님을 인격적으로 만나고, 믿음이 성장하는 시간입니다.

지금 성경학교를 위해서 목사님, 전도사님과 교회학교 선생님들이 열심히 준비하고 계십니다. 우리가 목사님과 전도사님과 선생님들을 위해 어떻게 기도하면 좋을까요? 하나님이 그분들에게 지혜와 은혜를 주시고, 생명의 말씀을 주시도록 온 가족이 함께 기도하면 좋겠습니다.

오늘 본문 말씀은 하나님이 비를 내려주신다고 말합니다. 비는 건조하고 메마른 이스라엘 땅에 꼭 필요한 생명수와 같았습니다. 비가 내리면 꽃이 피고, 풀이 솟아나고, 나무가 열매를 맺을 수 있었습니다.

하나님이 이번 성경학교를 통해 사랑하는 우리 ○○에게 큰 복을 내려주시길 소망합니다. 마음과 생각의 밭에 성령의 단비를 부어주셔서 말씀이 심기고, 열매가 맺어지길 축복합니다. 또한 예수님의 온유한 성품을 닮아 가는 시간이 되기를 축복합니다.

수련회(성경학교) 기간에 하나님이 ○○에게 풍성한 은혜의 단비를 주시고, 함께 참여하는 친구들에게도 큰 기쁨을 주실 것을 믿습니다.

🏠 은혜 나누기 – 가족 모두

- 수련회(성경학교)를 기다리며 목사님, 전도사님, 선생님과 친구들을 위해 어떤 기도를 할 수 있을지 이야기를 나눠보세요.
- 수련회(성경학교)에서 어떤 은혜를 받고 싶은지 이야기해 보세요.

🏠 온 가족 기도 – 가족 모두

인도자 하나님, 사랑하는 ○○에게 수련회(성경학교)를 열어주셔서 감사합니다.

가 족 수련회(성경학교)를 준비하는 전도사님과 선생님들에게 지혜와 은혜를 내려주세요.

인도자 함께 참여하는 모든 친구가 예수님을 만나고 더 사랑하는 시간이 되게 해주세요.

다 같이 말씀의 단비와 사랑을 내려주시는 예수님의 이름으로 기도합니다. 아멘.

25 잠자기 전 누워서 예배를 드려요

최근에 우리 가족 모두가 한 공간에 다 함께 누워서 잠을 자 본 경험이 있나요? 혹은 거실이나 침실에 다 함께 누워서 영화나 드라마를 본 적이 있는지 떠올려 보세요. 아마 바쁜 일상 속에서 가족의 체온을 느끼고, 살을 부대끼며 누워 볼 일이 거의 없었을 겁니다. 오늘은 잠을 자기 전 온 가족이 누워서 예배를 드려보세요. 가족의 따뜻한 체온과 친밀함 속에서 사랑으로 함께하시는 하나님을 깊이 만나는 가정예배에 초대합니다.

_____년 _____월 _____일

🌸 **가정예배 참석자 :** _____

_____

🌸 **가정예배 장소 :** _____

🏠 예배 공간 만들기 - 가족 모두

1) 마음과 시간의 공간 만들기
가족이 가정예배를 드릴 마음과 시간의 공간을 준비할 수 있도록 미리 가정예배에 관한 이야기를 나눠주세요.

2) 일상의 공간을 예배드리는 공간으로 만들기
성경을 준비하고 가족 모두가 편하게 누울 수 있는 공간을 마련해 주세요. 가족이 좋아하는 찬양으로 예배 공간을 채워보세요.

🏠 예배의 부름 - 예배 인도자

언제나 우리와 함께하시는 하나님, 하나님의 사랑을 경험하는 예배에 우리 가정을 초대해 주셔서 감사합니다. 감사와 기쁨이 넘치는 은혜의 시간으로 인도해 주세요. 예수님의 이름으로 기도합니다. 아멘.

🏠 찬양 - 가족 모두

사랑의 주님이 날 사랑하시네 내 모습 이대로 받으셨네

🏠 말씀 - 맡은 이

1) 성경 봉독

시편 23:1-3

1 여호와는 나의 목자시니 내게 부족함이 없으리로다
2 그가 나를 푸른 풀밭에 누이시며 쉴 만한 물 가로 인도하시는도다
3 내 영혼을 소생시키시고 자기 이름을 위하여 의의 길로 인도하시는도다

2) 말씀

우리 가정이 하루를 마무리하며 깨끗하게 몸을 씻고 편안한 마음으로 예배를 드립니다. 오늘도 하나님은 우리 가족 한 사람, 한 사람을 지키시고 많은 감사의 제목을 허락하셨습니다.

어떤 제목이 있을까요? 이 시간 한 명씩 감사의 제목을 말해 볼까요? 그리고 감사 제목 나눔이 끝나면, 마음을 모아 "하나님이 ○○와 함께하셨습니다"라고 응답해 줍시다.

이제 서로를 사랑하는 만큼 옆 사람의 옆구리를 간지럽히며 최고의 축복을 해주고, 사랑 고백을 해봅시다. "예수님의 이름으로 사랑해요. 축복해요."

🏠 은혜 나누기 - 가족 모두

- 다 함께 누운 채로 하나님께 고백합니다. "하나님은 우리 가정의 목자이십니다."
- 오늘 미션은 '누운 채로 30초간 옆 사람 안아주기'입니다. 30초를 채우지 못하고 먼저 떨어지는 사람이 뒷정리를 담당합니다.

🏠 온 가족 기도 - 가족 모두

인도자 하나님, 우리 가정의 목자가 되어주셔서 감사합니다.
가　족 우리 가정이 안정과 평안을 누릴 수 있도록 인도하시는 주님을 찬양합니다.
인도자 우리 가정을 사랑의 띠로 묶어주시고 안전하게 보호해 주세요.
다 같이 선하심과 인자하심으로 우리를 지켜주시는 예수님의 이름으로 기도합니다. 아멘.

기쁨이 넘치는 가정예배 3

시은이 예은이 방에 누워서

안녕하세요. 시은, 예은이네 가정입니다.
저희 가정은 교회에서 진행하는 가정예배학교와 가정예배 챌린지에 참여하면서 가정예배가 얼마나 중요한지 절실히 느꼈습니다. 그리고 아이들에게 평생 예배하는 습관을 길러주기 위해 '매일' 가정예배를 드리리라 다짐했습니다. 그러나 가족 모두의 일정이 맞지 않는 날이 많습니다. 아침에는 서로의 기상 시간이 다르고, 저녁에는 각자 해야 할 일이 있기 때문입니다. 그런 날은 잠자기 전에 다 함께 누워서 가정예배를 드립니다. 함께 누워 예배를 드리고 하루를 마무리하는 가정예배 시간이 참 행복하고 평안합니다.

- 날짜 : 3월의 어느 봄날
- 예배 공간 만들기 : 성경, 가정예배지,
  아이들 방에 가족이 다 같이 누울 수 있는 자리 만들기
- 예배순서 담당 : 인도자 – 시은   말씀 – 아빠
  찬양 인도 – 시은, 예은   성경 봉독 – 엄마
  대표 기도 – 예은
- 특별 순서 : 아빠가 아이들 머리에 손을 얹고 축복기도

온 가족이 하루를 마무리하며 누워서 가정예배를 드리니, 서로를 다독여주는 자연스러운 스킨십과 마음의 공감이 저절로 이루어졌습니다. 서로를 위해 기도하고 사랑하고 공감하는 예배, 잠자기 전 누워서 드리는 가정예배를 통해 하나님이 선물로 주시는 평안한 밤이 매일 기다려집니다.

Part 4

절기별 가정예배

26 새해를 주신 하나님께 감사해요(설날)

1월 1일!
새해의 첫날은 남녀노소 모두에게 새로운 마음과 새로운 계획을 꿈꾸게 하는 특별한 날로 다가옵니다. 이 특별한 새해 첫날, 한 해의 첫 시간을 하나님께 드려보세요. 우리 가족에게 새해를 선물로 주신 하나님을 찬양하는 자리, 올해도 하나님이 선하게 이끌어 주시길 구하는 자리, 새로운 한 해를 주신 하나님께 드리는 가정예배에 초대합니다. 혹은 한국 고유의 명절, 설날을 맞이하여 온 가족이 명절 가정예배를 드려보세요.

_____ 년 _____ 월 _____ 일

🌸 가정예배 참석자 : _____

_____

🌸 가정예배 장소 : _____

🏠 예배 공간 만들기   – 가족 모두

1) 마음과 시간의 공간 만들기
가족이 가정예배를 드릴 마음과 시간의 공간을 준비할 수 있도록 미리 가정예배에 관한 이야기를 나눠주세요.

2) 일상의 공간을 예배드리는 공간으로 만들기
예배드리는 장소에 성경과 작은 십자가를 놓아주세요.
가족이 좋아하는 찬양으로 예배 공간을 채워보세요.

🏠 예배의 부름   – 예배 인도자

새해를 선물로 주신 하나님, 우리 가족이 새해를 맞이해 하나님께 예배합니다. 매 순간 하나님을 의지하고 친밀하신 성령님과 동행하도록 인도해 주세요. 예수님의 이름으로 기도합니다. 아멘.

🏠 찬양   – 가족 모두

찬송가 620장   여기에 모인 우리 1절

 - 맡은 이

1) 성경 봉독

시편 143:8

⁸ 아침에 나로 하여금 주의 인자한 말씀을 듣게 하소서 내가 주를 의뢰함이니이다 내가 다닐 길을 알게 하소서 내가 내 영혼을 주께 드림이니이다

2) 말씀

우리 가정에 새해를 허락해 주신 하나님께 영광과 감사를 드립니다. 새해는 새로운 꿈과 비전을 품는 시간입니다. 우리 가정은 새해에 어떤 소망을 품을까요?

시편 기자는 하나님의 말씀을 듣길 간절히 원했습니다. 하나님은 주님을 찾는 자들을 만나주시는 자비의 하나님이십니다. 그리고 우리에게 늘 사랑을 고백하십니다. "내가 너희 가정을 사랑한다." 이와 같은 하나님의 음성으로 우리는 사랑의 하나님을 신뢰하고 의지할 수 있습니다.

또 시편 기자는 하나님이 자신의 길을 인도해 주시길 소망하고 있습니다. 하나님이 자신에게 가장 선하고 좋은 길을 예비해 주실 것이라고 믿는 믿음의 고백입니다.

사랑하는 여러분, 우리의 소원은 주님이 인도하시는 길을 잘 따라가는 것입니다. 우리 가정에 하나님을 신뢰하는 믿음이 더 커지길 기도합시다. 새해 하나님이 허락하실 일을 기대하며, 소망이 넘치는 우리 가정이 되기를 축복합니다.

🏠 은혜 나누기 – 가족 모두

- 새해에 하나님이 우리 가정에 베풀어주실 은혜와 복을 기대하며 서로에게 고백합니다. "새해 복 많이 받으세요."
- 우리 가족이 하나님께 구하는 소망의 기도를 메모장에 적고 돌아가며 이야기해 보세요.
- 새해 달력을 함께 보며 우리 가족의 생일과 기념일 등을 확인하고 어떻게 축하의 시간을 보낼지, 어떤 가정예배를 드릴 수 있을지 의논해 보세요.

🏠 온 가족 기도 – 가족 모두

인도자 하나님, 우리 가정에 소망과 기쁨이 넘치는 새해를 허락해 주셔서 감사합니다.

가 족 새해에는 하나님의 인자하신 말씀을 잘 듣게 해주시고, 주님을 더욱 신뢰하도록 인도해 주세요.

인도자 우리 가정이 주님만을 의지하며 말씀을 따라 한 걸음씩 나가기를 원합니다.

다 같이 우리에게 소망과 복을 넘치도록 주시는 예수님의 이름으로 기도합니다. 아멘.

27
사순절을 보내고 있어요

사순절은 부활절 전 주일을 뺀 40일의 기간으로 예수님의 십자가를 묵상하는 경건한 절기입니다. 그리스도인들은 이 기간을 예수님을 사랑하는 마음과 예수님을 아는 지식이 자라나는 경건 훈련의 시간으로 보냅니다. 올해 사순절은 '나의 경건 훈련을 위한 시간'만이 아니라, '우리 가족의 경건 훈련 시간'으로 보내보세요. 부모가 믿는 예수님과 자녀가 믿는 예수님의 이야기가 만나 우리 가정의 믿음이 더욱 새로워지는 소중한 자리, 사순절 가정예배에 초대합니다.

_____년 _____월 _____일

❋ 가정예배 참석자 : _____

_____

❋ 가정예배 장소 : _____

🏠 예배 공간 만들기 - 가족 모두

1) 마음과 시간의 공간 만들기

가족이 가정예배를 드릴 마음과 시간의 공간을 준비할 수 있도록 미리 가정예배에 관한 이야기를 나눠주세요.

2) 일상의 공간을 예배드리는 공간으로 만들기

예배드리는 장소에 성경과 작은 십자가를 놓아주세요.
사순절 찬양으로 예배 공간을 채워보세요.
교회에서 나눠준 사순절 말씀 달력이나 그림이 있다면 함께 준비해 주세요.

🏠 예배의 부름 - 예배 인도자

사랑의 하나님, 우리 가족이 사순절 기간에 예수님을 깊이 만나는 예배에 초대해 주셔서 감사합니다. 십자가의 사랑과 예수님의 은혜를 깨닫는 시간이 되도록 함께해 주세요. 예수님의 이름으로 기도합니다. 아멘.

🏠 찬양 - 가족 모두

찬송가 563장   예수 사랑하심을 3절

 - 맡은 이

1) 성경 봉독

마태복음 16:21

²¹ 이 때로부터 예수 그리스도께서 자기가 예루살렘에 올라가 장로들과 대제사장들과 서기관들에게 많은 고난을 받고 죽임을 당하고 제삼일에 살아나야 할 것을 제자들에게 비로소 나타내시니

2) 말씀

우리는 예수님을 깊이 묵상하는 사순절 기간을 보내고 있습니다. 오늘 본문에서 예수님은 제자들과 함께 가이사랴 빌립보 지역에 올라가십니다. 이곳은 황제를 숭배하는 궁전과 우상을 숭배하는 신전이 함께 있는 권력의 중심지였습니다.

이곳에서 예수님이 제자들에게 질문하십니다. "너희는 나를 누구라 하느냐?" 그때, 베드로가 예수님께 이렇게 고백합니다. "주는 그리스도시요 살아계신 하나님의 아들이십니다." 예수님은 베드로의 고백을 들으시고 십자가의 사건을 처음으로 말씀해 주십니다. 기독교는 십자가의 종교입니다. 예수님이 우리를 위해서 십자가를 지셨음으로 우리의 모든 죄와 허물이 용서받습니다.

사순절 기간에 어떤 모습으로 우리의 믿음과 신앙을 예수님께 고백할 수 있을까요? 베드로가 예수님께 드렸던 고백처럼, 우리도 예수님께 사랑과 믿음의 고백을 드릴 수 있기를 원합니다. 사순절 기간, 십자가의 은혜와 사랑이 우리 가정에 넘치기를 소망합니다.

🏠 은혜 나누기 - 가족 모두

- 예수님이 "너희 가족은 나를 누구라 하느냐"라고 질문하신다면 어떻게 대답할 수 있을까요? 각자의 생각을 이야기해 보세요.
- 사순절 기간 동안 예수님을 사랑하는 마음이 자라나기 위해 우리 가족이 할 수 있는 경건 생활을 정해 보세요. (예: 온 가족 요한복음 필사하기, 다 함께 사순절 관련 말씀 암송하기 등)

🏠 온 가족 기도 - 가족 모두

인도자 하나님, 우리를 위해 독생자 예수 그리스도를 이 땅에 보내주셔서 감사합니다.

가 족 사순절 기간 동안 예수님을 묵상하며, 우리의 죄와 허물을 용서해주신 큰 사랑을 알도록 인도해 주세요.

인도자 "주는 그리스도시요 살아계신 하나님의 아들"이심을 온 가족이 고백하오니 받아주세요.

다 같이 우리를 구원하기 위해 십자가를 지신 예수님의 이름으로 기도합니다. 아멘.

28
예수님이 부활하셨어요

예수님이 부활하셨습니다!
이 기쁜 소식이 교회 안에서뿐만 아니라 우리 가정에서도 힘차게 울려 퍼지고 있나요? 예수님이 부활하셨다는 기쁜 소식이 교회와 가정, 온 세상에 가득하기를 소망합니다. 올해는 우리 가정에서도 부활의 주님을 만나고, 우리 가족의 입술로 부활하신 예수님을 찬양하는 시간을 보내보세요. 부활하신 예수님을 직접 만난 제자들의 체험이 우리 가족의 산 경험이 되는 자리, 부활절 가정예배에 초대합니다.

_____년 _____월 _____일

❋ 가정예배 참석자 : _____

_____

❋ 가정예배 장소 : _____

🏠 예배 공간 만들기 – 가족 모두

1) 마음과 시간의 공간 만들기
가족이 가정예배를 드릴 마음과 시간의 공간을 준비할 수 있도록 미리 가정예배에 관한 이야기를 나눠주세요.

2) 일상의 공간을 예배드리는 공간으로 만들기
예배드리는 장소에 성경과 작은 십자가를 놓아주세요.
부활 찬양으로 예배 공간을 채워보세요.
예수님의 부활을 상징하는 달걀, 백합화 등으로 예배 공간을 꾸며보세요.

🏠 예배의 부름 – 예배 인도자

사랑의 하나님, 교회에서뿐 아니라 가정에서도 부활의 기쁨을 나눌 수 있도록 가정예배를 허락해 주셔서 감사합니다. 이 시간 우리 가족이 부활의 주님을 깊이 만나도록 인도해 주세요. 예수님의 이름으로 기도합니다. 아멘.

🏠 찬양 – 가족 모두

찬송가 620장   여기에 모인 우리 1절

 – 맡은 이

1) 성경 봉독
마가복음 16:6

6 청년이 이르되 놀라지 말라 너희가 십자가에 못 박히신 나사렛 예수를 찾는구나 그가 살아나셨고 여기 계시지 아니하니라 보라 그를 두었던 곳이니라

2) 말씀

오늘은 우리 주님이 죽음을 이기시고 부활하신 영광의 날입니다. 우리 가족이 모두 함께 "할렐루야"를 외치며 영광의 박수를 드려볼까요?

예수님은 십자가를 지시기 전, 제자들에게 3일 후에 살아나실 거라고 말씀하셨습니다. 하지만 정말로 예수님이 부활하실 것을 믿었던 사람은 없었던 걸까요? 예수님이 누워 계시던 무덤을 경비병들만 지키고 있었습니다.

그런데 두려움을 뚫고 용기를 낸 사람들이 있었습니다. 막달라 마리아와 마리아였습니다. 이 여인들은 예수님의 시신에 향품을 바르기 위해 예수님의 무덤에 찾아갔습니다. 그때, 두 천사가 용기를 낸 여인들에게 예수님 부활의 기쁜 소식을 전해줍니다. 그리고 여인들은 부활하신 예수님을 직접 만나게 됩니다.

사랑하는 여러분, 우리가 예수님의 부활에 참여할 때 이런 믿음과 용기가 필요합니다. 예수님이 부활을 진정으로 믿게 된 제자들에게 말씀하십니다. "너희는 온 천하에 다니며 만민에게 복음을 전파하라"(막 16:15). 우리 가정이 예수님의 부활을 믿으며, 복음의 기쁜 소식을 전하는 믿음의 가정이 되기를 축복합니다.

🏠 은혜 나누기 - 가족 모두

- 우리 가족이 부활하신 예수님을 처음으로 만난 사람들이었다면, 예수님께 어떤 고백을 드렸을까요?
- 부활의 기쁜 소식을 우리 가족 외에 친척과 이웃들에게 전할 방법을 나누고 실천해 보세요.
- 예배 후 가족이 다 같이 달걀로 요리를 해서 부활의 기쁨을 나누는 식탁 교제를 해보세요.

🏠 온 가족 기도 - 가족 모두

인도자 할렐루야! 사망과 저주를 이기시고 부활하신 예수님을 찬양합니다.
가 족 예수님 부활의 기쁜 소식을 이웃에게 전하는 우리 가정이 되게 해 주세요.
인도자 무덤을 찾아간 여인들처럼 우리에게 용기와 믿음을 더해 주시고, 예수님을 사랑하는 마음을 허락해 주세요.
다 같이 부활과 소망이신 예수님의 이름으로 기도합니다. 아멘.

29

5월, 가정의 달이에요

어린이날, 어버이날, 스승의날이 있는 가정의 달 5월!
여러분에게 5월은 어떤 달인가요? 사랑하는 자녀를 위한 어린이날로, 양가 부모님과 친척들에게 전하지 못한 사랑을 나누는 어버이날로 보내는 행복한 가정의 달, 5월입니다. 또한 바쁜 일상에도 불구하고 여러 가족을 돌보는 수고와 헌신을 해야 하는 달이기도 합니다. 이 사랑과 수고와 헌신이 하나님으로부터 왔음을 믿음으로 고백하는 자리, '5월, 가정의 달 가정예배'에 초대합니다.

_____년 _____월 _____일

❋ **가정예배 참석자 :** _____

_____

❋ **가정예배 장소 :** _____

🏠 예배 공간 만들기 — 가족 모두

1) 마음과 시간의 공간 만들기

가족이 가정예배를 드릴 마음과 시간의 공간을 준비할 수 있도록 미리 가정예배에 관한 이야기를 나눠주세요.

2) 일상의 공간을 예배드리는 공간으로 만들기

예배드리는 장소에 성경과 작은 십자가를 놓아주세요.
가족이 좋아하는 찬양으로 예배 공간을 채워보세요.

🏠 예배의 부름 — 예배 인도자

우리 가정의 주인이신 하나님, 5월 가정의 달을 맞이하여 우리 가족이 하나님을 예배합니다. 가족 모두가 하나님을 경외하는 시간이 되도록 인도해 주세요. 예수님의 이름으로 기도합니다. 아멘.

🏠 찬양 — 가족 모두

너는 시냇가에 심은 나무라

🏠 말씀 – 맡은 이

1) 성경 봉독

시편 128:1-3

¹ 여호와를 경외하며 그의 길을 걷는 자마다 복이 있도다
² 네가 네 손이 수고한 대로 먹을 것이라 네가 복되고 형통하리로다
³ 네 집 안방에 있는 네 아내는 결실한 포도나무 같으며 네 식탁에 둘러 앉은 자식들은 어린 감람나무 같으리로다

2) 말씀

5월은 가정의 달입니다. 어린이날, 어버이날 등 가족에게 감사한 마음을 표현하는 날이 많이 있습니다.

오늘 본문은 복된 가정을 보여줍니다. 복된 가정은 먼저 여호와 하나님을 경외하는 가정입니다. 여호와를 경외한다는 것은 그분의 길을 따라 걷는 것을 말합니다. 하나님이 가장 선하신 길로 우리 가정을 인도하심을 믿고 기쁨으로 따라가는 것을 말합니다.

하나님은 복된 가정의 수고에 합당한 열매를 주십니다. 막힌 것이 없는 형통의 복을 주십니다. 오늘 본문에서 하나님은 우리 자녀를 어린 감람나무로 표현하십니다. 감람나무는 성장이 더뎌서 다 자라기까지 약 10~14년 정도가 걸립니다. 또 제대로 열매를 맺기까지는 30년이 걸립니다. 열매를 맺을 수 있는 감람나무는 7미터 높이까지 성장하고, 매년 120킬로그램의 올리브 열매와 25리터의 엄청난 올리브유를 만들어 냅니다.

하나님은 우리 자녀를 이렇게 열매가 풍성한 자녀로 성장 시켜 주시겠다고 약속하십니다. 이처럼 여호와를 경외하는 가정에 주시는 하나님의 복은 놀랍습니다. 우리 가정을 허락하신 하나님께 감사하며, 가족에게도 감사하는 5월 한 달이 되기를 축복합니다.

🏠 은혜 나누기 — 가족 모두

- 5월 한 달 동안 자신이 가장 기대하는 날을 골라보고 가족에게 그 이유를 이야기해 보세요.
- 5월 가정의 달을 여호와를 경외하는 달로 보낼 계획을 세우고 각자의 마음가짐을 나눠보세요.
- 서로에게 '5월 사랑 쿠폰' 2개씩을 만들어 선물하세요. (예: 안아주기, 심부름하기, 분리수거 도와주기 등)

🏠 온 가족 기도 — 가족 모두

인도자 하나님, 우리 가정을 여호와를 경외하는 복된 가정으로 불러 주셔서 감사합니다.

가 족 우리 가정이 하나님만 올바로 바라보며, 주님의 인도를 따라가도록 함께해 주세요.

인도자 하나님이 우리 가정에 주시는 형통함을 누리게 해주시고, 풍성한 열매를 맺도록 인도해 주세요.

다 같이 한없는 복을 주시는 예수님의 이름으로 기도합니다. 아멘.

30
열매를 주신 하나님께 감사해요 (추수감사절)

"모든 것이 하나님이 은혜입니다!"
최근에 하나님을 향한 감사의 고백이 담긴 찬양을 듣거나 불러 보신 적 있나요? 한 해 동안 우리 가족을 지켜주시고 보호해 주신 하나님의 은혜와 우리를 자라게 하시고 열매 맺게 하신 하나님의 사랑에 감사하며 드리는 '추수감사 가정예배'에 초대합니다. 혹은 한국 고유의 명절, 추석을 맞이하여 온 가족이 함께 하나님의 은혜에 감사하는 명절 가정예배를 드려보세요.

_____년 _____월 _____일

❋ 가정예배 참석자 : _____
_____

❋ 가정예배 장소 : _____

🏠 예배 공간 만들기 - 가족 모두

1) 마음과 시간의 공간 만들기
가족이 가정예배를 드릴 마음과 시간의 공간을 준비할 수 있도록 미리 가정예배에 관한 이야기를 나눠주세요.

2) 일상의 공간을 예배드리는 공간으로 만들기
예배드리는 장소에 성경과 작은 십자가를 놓아주세요.
가족이 좋아하는 찬양으로 예배 공간을 채워보세요.

🏠 예배의 부름 - 예배 인도자

풍성한 열매를 주시는 하나님, 우리 가족이 추수감사절(추석)을 맞이해 하나님을 예배하게 해주셔서 감사합니다. 성령님, 우리가 하나님의 은혜를 되돌아보며 넘치도록 감사를 고백하도록 인도해 주세요. 예수님의 이름으로 기도합니다. 아멘.

🏠 찬양 - 가족 모두

찬송가 620장   여기에 모인 우리 3절

말씀 – 맡은 이

1) 성경 봉독

고린도후서 9:10-11

¹⁰ 심는 자에게 씨와 먹을 양식을 주시는 이가 너희 심을 것을 주사 풍성하게 하시고 너희 의의 열매를 더하게 하시리니

¹¹ 너희가 모든 일에 넉넉하여 너그럽게 연보를 함은 그들이 우리로 말미암아 하나님께 감사하게 하는 것이라

2) 말씀

오늘 예배는 선선한 바람이 불어오는 추수의 계절에 하나님께 드리는 감사의 예배입니다. 하나님이 지금까지 우리 가정을 지켜주시고, 인도해 주시고, 은혜를 베풀어 주셨습니다.

본문은 우리에게 씨와 먹을 양식을 주시는 분이 하나님이시라고 말합니다. 우리가 심으면 그 씨앗이 잘 자라도록 적당한 비를 내려주시고, 햇볕을 주십니다. 하나님은 열매를 잘 맺는 데 필요한 모든 것을 공급해 주십니다. 하나님의 은혜로 풍성한 열매를 맺도록 인도해 주십니다.

이 모든 것이 우리 주님의 은혜이고 사랑입니다. 이렇게 넘치는 은혜를 주신 하나님은 우리의 시선이 새로운 곳으로 향하게 하십니다. 선하고 아름다운 마음으로 이웃을 향한 연보(헌금)를 품으라고 말씀하십니다. 하나님이 우리에게 주신 은혜에 머물면 안 됩니다. 은혜는 전해지고 흐를 때 더 커지고 풍성해 집니다.

사랑하는 여러분, 올 한 해 하나님이 우리 가정에 베풀어 주신 은혜에 감사하며, 우리 가정이 품어야 할 이웃이 누구인지를 돌아보는 귀한 추수의 계절이 되기를 바랍니다.

🏠 은혜 나누기 - 가족 모두

- 가을에 무르익은 과일이나 곡식을 함께 먹으며 한 해 동안 하나님이 우리 가족에게 주신 감사의 열매에 무엇이 있는지 이야기를 나눠보세요.
- 올 한 해 우리 가정에 주신 하나님의 은혜를 어떻게 흘려보낼지 가족과 이야기를 나눠보고 실천해 보세요.

🏠 온 가족 기도 - 가족 모두

인도자 하나님, 추수의 계절에 풍성한 감사 제목을 허락해 주셔서 감사합니다.

가 족 우리 가정이 하나님의 의의 열매를 맺는 믿음의 가정될 수 있도록 인도해 주세요.

인도자 하나님이 우리 가정에 주신 은혜를 이웃과 주변에 흘려보내도록 함께해 주세요.

다 같이 심게 하시고 열매 맺게 하시는 예수님의 이름으로 기도합니다. 아멘.

31 예수님을 기다려요 (대림절)

연말과 크리스마스가 다가오면 여러분은 어떤 마음이 되나요? 우리 기독교인들은 아기 예수님을 주인공으로 기다리며 특별한 대림절(Advent)을 보냅니다. 대림절은 성탄절이 되기 전 4주 동안 이 땅에 오신 예수님의 탄생을 기다리는 교회 절기입니다. 온 가족이 함께 대림절을 특별하게 보낸 경험이 있나요? 이번 대림절은 가족과 예배를 드리며 아기 예수님을 기다려보세요. 대림절 가정예배에 초대합니다.

_____년 _____월 _____일

❋ **가정예배 참석자 :** _____

_____

❋ **가정예배 장소 :** _____

🏠 예배 공간 만들기 — 가족 모두

1) 마음과 시간의 공간 만들기
가족이 가정예배를 드릴 마음과 시간의 공간을 준비할 수 있도록 미리 가정예배에 관한 이야기를 나눠주세요.

2) 일상의 공간을 예배드리는 공간으로 만들기
예배드리는 장소에 성경과 작은 십자가를 놓아주세요.
성탄 찬양으로 예배 공간을 채워보세요.
대림절 달력, 성탄절 트리, 성탄 장식물로 예배 공간을 꾸며보세요.

🏠 예배의 부름 — 예배 인도자

사랑의 하나님, 우리 가족이 아기 예수님을 기다리는 대림절을 보내며 하나님을 예배하도록 인도해 주셔서 감사합니다. 성령님, 이 시간 기쁨의 좋은 소식이 우리 가정에 넘치도록 함께해 주세요. 예수님의 이름으로 기도합니다. 아멘.

🏠 찬양 — 가족 모두

찬송가 112장   그 맑고 환한 밤중에 1절

말씀 - 맡은 이

1) 성경 봉독
마태복음 2:6

⁶ 또 유대 땅 베들레헴아 너는 유대 고을 중에서 가장 작지 아니하도다 네게서 한 다스리는 자가 나와서 내 백성 이스라엘의 목자가 되리라 하였음이니이다

2) 말씀
오늘은 예수님이 우리를 위해서 찾아오신 성탄절을 기다리며 드리는 가정예배입니다. 어둡고 힘든 시절을 보냈던 이스라엘 백성은 그들을 구원할 메시야를 간절히 기다렸습니다. 이처럼 대림절은 우리에게 오시는 예수님을 기다리는 시간입니다.

우리나라뿐만 아니라 지구촌 곳곳에는 여전히 우상과 가난과 전쟁이 있습니다. 그것들을 겪고 있는 이들에게 예수님이 필요합니다. 우리 가정이 그들을 위해 기도하는 가정이 되기를 소원합니다. 평화가 필요한 곳에, 구원과 회복이 필요한 곳에 예수님의 평화가 임하기를 마음 모아 기도합시다.

빛이신 예수님이 우리 가정에 찾아와주실 때, 따스하고 환한 생명의 빛이 비출 것입니다. 사랑하는 여러분, 이 대림절 기간에 우리 가정은 어떻게 예수님을 기다릴 수 있을까요? 어떻게 예수님을 맞이할 수 있을까요? 무엇을 하며 소망이신 예수님께 더 집중할 수 있을까요? 온 가족이 마음에 손을 얹고 고백합시다. "예수님, 평화의 왕으로 이곳에 오시옵소서."

🏠 은혜 나누기 - 가족 모두

- 오늘부터 성탄절이 며칠 남았는지 달력에 D-day를 적고, '아기 예수님을 기다리는 ○○네 가족'이라고 적어보세요.
- 우리 가족 주변에 예수님의 평화와 소망이 필요한 곳을 이야기해 보고 그곳을 위해 예수님의 이름으로 기도해 보세요.

🏠 온 가족 기도 - 가족 모두

인도자 하나님, 온 세상을 구원하실 메시아 예수님을 이 땅에 보내주셔서 감사합니다.

가 족 온 이스라엘 백성들이 간절히 메시아를 기다렸던 것처럼, 우리도 예수님의 탄생을 소망하며 기다립니다.

인도자 온 백성에게 생명의 빛을 비춰주신 주님, 이 땅에 오셔서 어두운 곳곳에 주님의 밝은 빛을 비춰주세요.

다 같이 평화의 왕으로 오실 예수님의 이름으로 기도합니다. 아멘.

32
예수님이 세상에 오셨어요 (성탄절)

12월 25일 성탄절!
긴 대림절 기간이 끝나고 아기 예수님의 탄생을 축하하는 날, 성탄절이 왔습니다. 성탄 이브와 성탄절 당일, 어떻게 보내실지 계획을 계획을 세우셨나요? 이 성탄절의 주인공이신 아기 예수님의 탄생을 축하하는 시간, 이 세상에 오신 예수님께 우리 가족이 준비한 소중한 선물을 드리는 '성탄절 가정예배'에 초대합니다.

_____년 _____월 _____일

❋ 가정예배 참석자 : _____
_____

❋ 가정예배 장소 : _____

🏠 예배 공간 만들기 — 가족 모두

1) 마음과 시간의 공간 만들기
가족이 가정예배를 드릴 마음과 시간의 공간을 준비할 수 있도록 미리 가정예배에 관한 이야기를 나눠주세요.

2) 일상의 공간을 예배드리는 공간으로 만들기
예배드리는 장소에 성경과 작은 십자가를 놓아주세요.
성탄 찬양으로 예배 공간을 채워보세요.
성탄절 트리나 성탄 장식물로 예배 공간을 꾸며보세요.

🏠 예배의 부름 — 예배 인도자

아기 예수님을 이 땅에 보내주신 사랑의 하나님, 성탄절을 맞이하여 우리 가정이 하나님을 예배합니다. 예수님께 가장 귀한 선물을 드린 동방박사처럼 온 가족이 예수님의 탄생을 진심으로 기뻐하는 예배가 되게 해주세요. 예수님의 이름으로 기도합니다. 아멘.

🏠 찬양 — 가족 모두

찬송가 115장   기쁘다 구주 오셨네 1절

 **- 맡은 이**

1) 성경 봉독
누가복음 2:10-11

¹⁰ 천사가 이르되 무서워하지 말라 보라 내가 온 백성에게 미칠 큰 기쁨의 좋은 소식을 너희에게 전하노라

¹¹ 오늘 다윗의 동네에 너희를 위하여 구주가 나셨으니 곧 그리스도 주시니라

2) 말씀

할렐루야! 오늘은 우리 예수님이 탄생하신 가장 기쁜 날입니다. 온 가족이 마음을 모아 예수님께 영광의 박수를 올려드립시다.

양 떼를 지키던 목자들에게 어느 날 놀라운 일이 일어납니다. 주의 천사가 나타나서 그들 곁에 서고 그들을 환하게 비추자, 목자들은 두려워하며 놀랐습니다. 그때 천사들이 말합니다. "무서워하지 말라 내가 온 백성에게 미칠 큰 기쁨의 좋은 소식을 너희에게 전하노라." 이 기쁜 소식을 듣고 목자들은 아기 예수님을 찾아갑니다. 목자들에게 아기 예수님의 탄생이 얼마나 기다려졌을까요? 얼마나 기뻤을까요?

마침내 목자들은 구유에 누이신 예수님께 천사에게 들은 말을 그대로 전합니다. "우리를 구원할 구주가 나셨습니다!" 목자들은 자신들이 이렇게 놀라운 소식을 전할 수 있다는 것에 감격하며, 하나님께 영광을 돌리고 찬송했습니다.

사랑하는 여러분, 이 시간 우리 가정에도 예수님 탄생의 기쁜 소식이 들려옵니다. 함께 고백해 볼까요? "우리를 위해 예수님이 탄생하셨습니다!" 이 기쁜 소식이 아직 복음을 듣지 못한 사람들에게도 전파되길 소망합니다.

은혜 나누기 - 가족 모두

- 생일 축하 노래 가사에 "사랑하는 예수님"을 넣어서 가족이 다 함께 예수님의 생일을 축하해 보세요.
- 가족과 성탄 카드를 만들어보세요. "기쁘다 구주 오셨네", "고요한 밤, 왕이 나셨도다" 등 성탄의 주인공인 아기 예수님의 탄생을 축하하는 문구를 적고 소중한 이웃에게 보내보세요.
- 아기 예수님이 탄생하셨다는 기쁜 소식을 친척이나 이웃에게 전할 방법을 이야기해 보고 실천해 보세요.

온 가족 기도 - 가족 모두

인도자 기쁘다 구주 오셨네! 만백성과 온 세상이 예수님의 탄생을 찬양합니다.

가 족 목자들이 예수님의 탄생을 기쁨으로 전한 것처럼 우리도 예수님의 탄생을 선포하며 기뻐합니다.

인도자 복음이 필요한 곳에 예수님의 이름이 전파되게 해주세요.

다 같이 큰 기쁨의 좋은 소식으로 오신 예수님의 이름으로 기도합니다. 아멘.

기쁨이 넘치는 가정예배 4

윤아와 함께한 잊지 못할 대림절

안녕하세요. 윤아네 가정입니다.
저희 교회는 매년 12월 25일 성탄절 예배 때 유아세례식을 합니다. 그래서 저희 부부는 대림절 4주 동안 가정예배를 드리며 태어난 지 이제 막 6개월이 된 윤아의 유아세례식을 준비하기로 했습니다. 대림절 4주 동안 영아부에서 보내준 대림절 달력의 말씀을 읽고 윤아를 위해 아빠 엄마가 함께 기도하는 시간을 가졌습니다. 가정예배를 드리는 시간이 저녁 시간이라 예배 후에 아빠 엄마가 찬양을 불러주며 아이를 재우는 습관이 생기기도 했습니다.

- 날짜 : 11~12월, 대림절 4주간 매일 저녁
- 예배 공간 만들기 : 영아부에서 보내준 대림절 스티커 초, 대림절 달력, 말씀 액자
- 예배 순서 담당 : 부부가 번갈아 가며 선곡하기, 축복기도는 부부가 한 문장씩 기도한 후에 마무리하기
- 특별 순서 : 윤아의 유아세례를 기념하며 만든 말씀 액자의 말씀 읽어주기 "윤아가 자라며 강하여지고 지혜가 충만하며 하나님의 은혜가 윤아 위에 있더라"(눅 2:40 인용)

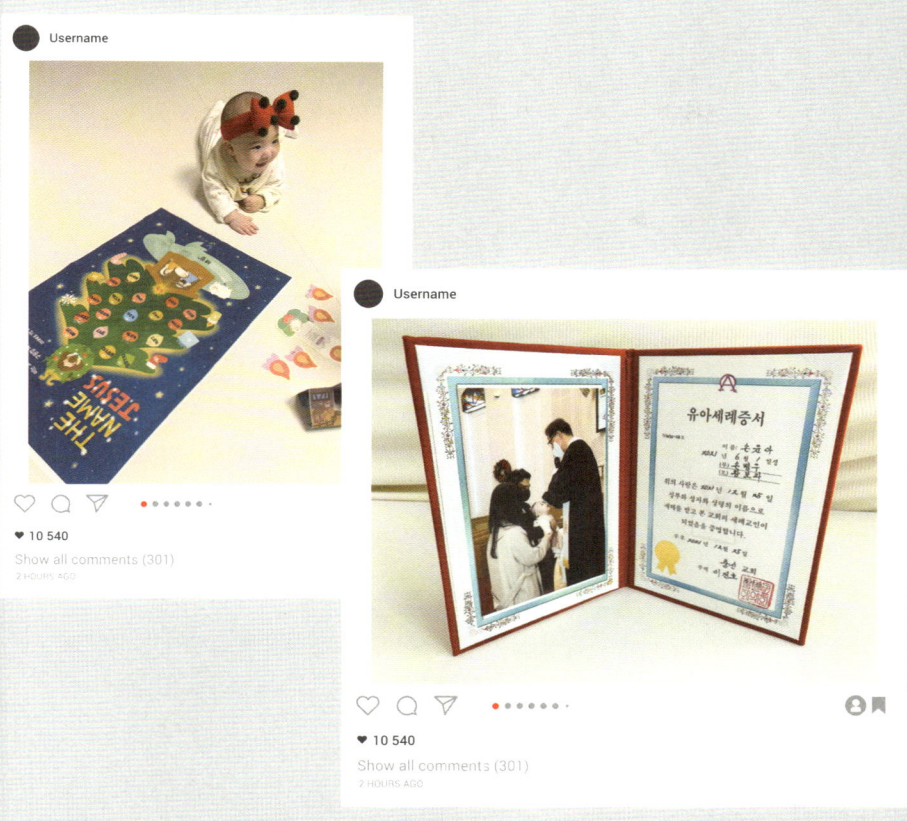

윤아의 세례를 준비하며 보낸 대림절은 저희 부부의 평생에 잊지 못할 특별한 한 달이 되었습니다. 태어난 지 6개월이 된 윤아와 대림절 기간에 매일 가정예배를 드리면서 그 어느 때보다 아이의 몸으로 오신 예수님을 더 깊이 묵상하는 은혜의 시간을 보낼 수 있었습니다. 참 감사합니다.

에필로그

'모든 날, 모든 순간'을 하나님께 드려요

『모든 날, 모든 순간 가정예배』는 저의 신앙고백과 성도들의 고백으로 쓴 책입니다. 한 교회에서 8년 동안 가정예배를 세우며 성도들이 각 가정에서 아름답게 만들어가는 가정예배를 보았습니다.

만삭의 부른 배를 쓰다듬으며 가정예배를 드리는 부부, 서로 가정예배를 인도하겠다고 손을 드는 초등학생 남매, 서른이 넘은 장성한 아들과 다시 가정예배를 드리기로 결단한 중년 부부, 어린 두 딸에게 유산으로 가정예배를 물려주고 싶다는 어머니, 설날에 모두가 행복한 예배를 드리길 소망하며 가정예배를 배우러 오신 70대 노권사님 등 이들의 예배는 서투르고 소박해 보여도 그 어느 예배보다 진심이 가득한 아름다운 예배였습니다.

가정예배 사역을 하면서 한 가지 깨달은 바가 있습니다. 각 가정의 다양한 상황에 긴밀하게 연결된 예배를 드릴 때 큰 위로와 능력, 은혜가 있다는 것입니다. 이를 통해 저는 가정들의 모든 순간을 하나님께 예배하는 자리로 안내해야 할 필요를 절감했습니다.

그래서 가정예배 사역 경험을 기초로 '가족의 생애주기'와 '가정의 특별한 상황'을 체계화하고 확장해서 우리 가정의 '모든 날, 모든 순간'을 하나님께 드리는 가정예배서를 만들었습니다.

이 책은 가정예배를 통해 각 가정이 하나님을 친밀히 만나는 공간이 되기를 소망하며 썼습니다. 가정예배가 우리의 평범한 일상과 동떨어져 있거나 부담스러운 숙제로 여겨지지 않고, 우리를 언제나 있는 모습 그대로 아름답게 바라보시는 하나님의 시선을 느끼는 자리, 우리를 사랑하는 자녀로 부르시는 따뜻한 주님의 음성을 듣는 자리가 되기를 바랍니다.

일상에서 우리 가족만 아는 반짝이는 순간들, 두렵고 떨리는 순간들, 때로는 누구에게도 말하지 못하는 어려움 속에서 눈물 흘리며 아파하는 날들이 있습니다. 그 모든 순간에 임마누엘 사랑의 주님이 우리 가정의 주인이심을 믿으며 예배의 제단을 쌓기를 소망합니다. '모든 날, 모든 순간'에 우리의 있는 모습 그대로를 하나님께 드리며, 우리에게 가장 깊은 기쁨과 위로, 사랑과 평안을 주시는 가정예배의 은혜를 누리시길 응원합니다.

황보라 목사 드림

사명선언문

너희가 흠이 없고 순전하여……세상에서 그들 가운데 빛들로
나타내며 생명의 말씀을 밝혀 _ 빌 2:15-16

1. 생명을 담겠습니다
만드는 책에 주님 주신 생명을 담겠습니다.
그 책으로 복음을 선포하겠습니다.

2. 말씀을 밝히겠습니다
생명의 근본은 말씀입니다.
말씀을 밝혀 성도와 교회의 성장을 돕겠습니다.

3. 빛이 되겠습니다
시대와 영혼의 어두움을 밝혀 주님 앞으로 이끄는
빛이 되는 책을 만들겠습니다.

4. 순전히 행하겠습니다
책을 만들고 전하는 일과 경영하는 일에 부끄러움이 없는
정직함으로 행하겠습니다.

5. 끝까지 전파하겠습니다
모든 사람에게, 땅 끝까지, 주님 오시는 그날까지
복음을 전하는 사명을 다하겠습니다.

서점 안내

광화문점	서울시 종로구 새문안로 69 구세군회관 1층 02)737-2288 / 02)737-4623(F)
강남점	서울시 서초구 신반포로 177 반포쇼핑타운 3동 2층 02)595-1211 / 02)595-3549(F)
구로점	서울시 동작구 시흥대로 602, 3층 302호 02)858-8744 / 02)838-0653(F)
노원점	서울시 노원구 동일로 1366 삼봉빌딩 지하 1층 02)938-7979 / 02)3391-6169(F)
일산점	경기도 고양시 일산서구 중앙로 1391 레이크타운 지하 1층 031)916-8787 / 031)916-8788(F)
의정부점	경기도 의정부시 청사로47번길 12 성산타워 3층 031)845-0600 / 031)852-6930(F)
인터넷서점	www.lifebook.co.kr